李清照传

半世烟雨半世情

蔡晓柔 著

台海出版社

图书在版编目（CIP）数据

李清照传：半世烟雨半世情 / 蔡晓柔著. —北京：台海
出版社，2020.12

ISBN 978-7-5168-2779-6

Ⅰ. ①李… Ⅱ. ①蔡… Ⅲ. ①李清照（1084-约
1151）—传记 Ⅳ. ①K825.6

中国版本图书馆CIP数据核字(2020)第200391号

李清照传：半世烟雨半世情

著　　者：蔡晓柔

出 版 人：蔡　旭　　　　　　　　　封面设计：源画设计
责任编辑：王慧敏

出版发行：台海出版社
地　　址：北京市东城区景山东街20号　　邮政编码：100009
电　　话：010－64041652（发行，邮购）
传　　真：010－84045799（总编室）
网　　址：www.taimeng.org.cn/thcbs/default.htm
E-mail：thcbs@126.com

经　　销：全国各地新华书店
印　　刷：三河华晨印务有限公司
本书如有破损、缺页、装订错误，请与本社联系调换

开　　本：880毫米×1230毫米　　　1/32
字　　数：120千字　　　　　　　　印　　张：6.5
版　　次：2020年12月第1版　　　印　　次：2021年4月第1次印刷
书　　号：978-7-5168-2779-6

定　　价：49.80 元

穿越时光的美与愁

在中国几千年的文学史中，如果要问谁是千古第一才女，绝大多数人第一时间脱口而出的答案都会是李清照。在理学当道、提倡女子无才便是德的宋代，李清照凭借数量不多的词作脱颖而出，与苏轼、辛弃疾、陆游等大文豪齐名，稳居婉约派一代词宗之位，其才气可见一斑。

不过，虽然是才女，李清照也免不了被命运捉弄，受寂寞折磨。

少女时代的李清照，不会想到命运对自己有多残酷，不会预料到自己的大半个人生会活在命运无休止的折磨中。"争渡，争渡，惊起一滩鸥鹭。"那时的她是多么地悠闲，字里行间，无不体现着一个花季少女的情怀，时光穿越千年，依然无数次拨动着人们的心弦。

李清照是一个爱花的女子，"人生几何花烂漫""倚门回首，却把青梅嗅"，轻吟这些词句，让人仿佛身临其境，看到她那柔美的一面，也看到她那古灵精怪的性格。

"云鬓斜簪，徒要教郎比并看"，这里描写的是新婚时李清照娇嗔的媚态，令人不禁遐想，那时的她到底有多美。

李清照打破了"女子无才便是德"的这一封建传统思想的束缚，让我们看到了一个才女的知性美。她活泼、开朗，甚至可以说是大胆，尽管是婉约词人，但个性上却并不柔弱，有着超乎常人的胆色。在《词论》中，她几乎将北宋著名词人都批评了个遍，连苏轼也不例外，说他的词"句读不齐"。假如苏轼当时还活着，这位"顽皮"的大文豪肯定会与李清照理论一番吧，那肯定是非常有意思的场面。

屏居青州的十年，是李清照一生最美的时光。然而，残酷的现实将这种美好破坏殆尽。金人悍然南下，她与丈夫赵明诚历经艰辛收藏的金石书画最终所剩无几；雪上加霜的是，赵明诚先她而亡，顿时，她被整个世界所遗弃，失去了一切。就像王菲在《流年》这首歌曲中所唱的：紫微星流过，来不及说再见，已经远离我一光年……

国破家亡、丈夫病逝、遇人不淑、被骗婚、离婚，中途还经历了九天的牢狱之灾，因此产生的无尽愁绪将她紧紧包围；南渡后，她的词作中出现最多的是一个"泪"字。

她写："留得罗襟前日泪，弹与征鸿。"

她写："如今憔悴，但余双泪，一似黄梅雨。"

她写："酒意诗情谁与共？泪融残粉花钿重。"

她写："揉尽梅花无好意，赢得满衣清泪。"

她写："小风疏雨萧萧地，又催下，千行泪。"

除了怎么流也流不尽的泪，陪伴她的，还有酒。

冬天，她独守空闺，喝着喝着就睡着了，连妆都忘了卸。午夜梦醒，她呆坐桌前，下意识地揉搓着从鬓角拔下的梅花残蕊，再难入睡——"夜来沉醉卸妆迟，梅萼插残枝"。

秋天，梧桐叶纷纷坠落。这是一个更容易引发愁情的季节，而能让她从中暂时获得解脱的只有酒——"不如随分尊前醉，莫负东篱菊蕊黄"。

一年之计在于春，一天之计在于晨，可就是在这最好的季节与时辰，李清照依然在喝酒。晚年的她，无论季节，一天或许都是从喝酒和发愁开始的吧——"险韵诗成，扶头醒脑，别是闲滋味"。

借酒消愁愁更愁。晚年的李清照，无论是酒醉酒醒，都活在悲苦惆怅之中，活在对过往年华的回忆中，活在一个人的醉生梦死中，也活在对现实的万分失望与伤感中。

人在得意之时固然会产生吟诗作画的兴致，但在失意之际，同样能激发出创作热情，而且成就一般更高。如果只是从词作的艺术角度来看，被命运捉弄成悲剧的李清照，何尝不是在为自己创造且品尝一种别人所无法复制的、伟大的幸福，那就是她所留下的那些流传千古的诗词。

李清照的一生，被上苍宠爱过，也被遗弃过；享受过最美的相聚，也经历过最心痛的离别；我行我素、酣畅淋漓地爱过、活过，也在残酷的现实中孤独地漂泊过、挣扎过、恨过、抗争过。然而，无论沧海桑田，世事万千，都无法掩盖她的万丈光芒，穿过历史，穿过千年的岁月，与我们相聚，让我们得以领略她那穿越时光的美与愁。

第五章　再嫁起风波，一别两宽

第六章　烟花易冷，花落人亡

目录
MULU

附 录

后 记

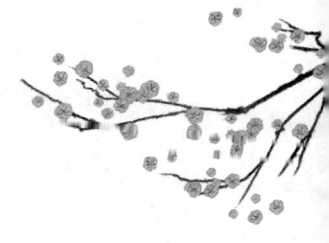

第一章

常记溪亭日暮

　　那应该是千年前一个晴朗夏日的午后，在一个叫溪亭的地方，李清照和小伙伴们荡起双桨，不知疲倦地玩耍着，不小心就到了黄昏时分。美丽的少女，潋滟的湖光，盈盈的荷叶，散发出淡淡的清香；一副如梦般令人沉醉的画面，一个最美时光中的李清照，便与我们在书本中初遇。

钟灵毓秀 >>>

　　如果可以穿越，你会选择回到哪个朝代生活？唐宋元明清，甚至更早的秦汉两晋南北朝，都会有人选。但对于喜欢文学的人来说，北宋应该是选择最多的答案。在北宋的繁华里，浅吟低唱，听细水长流，看云卷云舒，这该是一幅多么惬意的画面。中国十大传世名画之一《清明上河图》里描绘的繁华，正是那个绚烂北宋王朝的一个缩影，而李清照就出生在这样的一个多姿多彩的时代里。

　　宋神宗元丰七年（1084 年）的一天，李清照出生在山东章丘明水镇一个爱好文学艺术的士大夫家庭里。

　　章丘，北连黄河，南傍泰山，人杰地灵，物产丰富，在中国古代是一个文化高度发达的地方。章丘境内，闻名遐迩的女郎山宛如一位风姿绰约的女神；百脉泉则蕴含着天地灵气，滋养着一代又一代的豪杰俊才。这里有著名的汉东平陵及城子崖龙山文化遗址，也是齐鲁文化的重要发源地。

　　大概在五十多岁的时候，李清照曾在一首长诗里对家乡进行了这样的描述："嫠家父祖生齐鲁，位下名高人比数。当时稷下纵谈时，犹记人挥汗如雨。"在这四句话中，李清照不仅明确地指出家族长辈的名望，还极为自豪地将这种名望与齐鲁大地悠久而深厚的文化传统联系在一起。诗中的"稷下"，在公元前4世纪的战国时期就已经是文化昌明之地。当时，齐宣王在稷下设立学宫，不断招揽人才，提倡言论自由，诸子百家皆可在此宣扬学说；一时之间，学者云集，文化氛围极为活跃，成为名震天下并影响深远的文化中心。

　　章丘的山水赋予李清照以灵气，沉淀深厚的文化传统孕育了她的才华，而在有了李清照之后，这块钟灵毓秀之地从此也多了一份更加值得骄傲的资本。

　　除了山水与文化，在李清照成长过程中，家人的教育和培养，

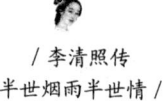

也对她的影响极为深远，也是她能成长为一代词宗的关键。

李清照所在李氏一族，在章丘并不算是名门望族，但却是一个典型的书香世家。李清照的父亲李格非进士出身，在朝为官，做过最高的官职是提点刑狱、礼部员外郎。李格非还是北宋末期的著名文学家，是著名的"苏门后四学士"之一。李格非在文学上所取得的成就，从《宋史·李格非传》中可以得窥一二。"格非苦心工于词章，陵轹直前，无难易可否，笔力不少滞。"南宋文学家尹穑更是称赞道："李格非之文，自太史公之后，一人而已。"此言虽有过誉之嫌，但当时人们对李格非的推崇由此可见一斑。李格非不仅文采出众，而且品行高洁，道德操守皆为一时之选。在山东郓州担任教授（宋代学官名）时，郓州郡守和李格非的关系很不错，看他的日子过得清苦，于是就想给他安排几个兼职，帮他多赚点钱以提升生活水平。当时有很多下层官吏都是这么做的，人们早已司空见惯。可李格非听后却断然谢绝，连连摇头表示，自己既然拿着国家的俸禄，就要专心做好本职工作，不能再分心去做别的事情。李格非不仅为官清廉，做人也是非分明，疾恶如仇。在江西做官时，当地有个道士妖言惑众，到处坑蒙拐骗。有一次，李格非与这名道士在路上相遇，早就对其看不过眼的李格非命人将道士从车上拖下来，狠狠地打了一顿，然后驱逐出境。李格非这样的道德操守，也深深影响了李清照。后来经历了各种人间悲苦之后，李清照依然能够顽强地生活下去，离不开李格非的言传身教。

李清照的生母出身名门，是宋神宗元丰年间宰相王珪的女儿。不过，在李清照两岁时，生母就因病去世了。李清照的继母也姓王，是宋仁宗时著名才子王拱辰的孙女。王拱辰是宋代最年轻的状元，十九岁就考取了进士第一名。王氏出身这样的名门，从小就受到了良好的教育，因此，在文学上也有一定的修养。这样的家庭，是当之无愧的书香之家。

李清照的名字很容易让我们联想到王维的名句"明月松间照，清泉石上流"。通过这个名字我们不难想象其父母对她的期望，期望她成长为一个恬静优雅、温婉如诗的女子，而且能拥有宁静清幽的美好生活。

父母双方的家学渊源，为李清照奠定了深厚的文化底蕴，使她在钟灵毓秀、得天独厚的环境中度过了童年和少年时代。著名学者缪钺在《诗词散论》中称"易安承父母两系之遗传，灵襟秀气，超越恒流"。在这样优秀家庭环境下成长起来的李清照，自小就勤

读诗文，研习经典，显露出超过一般女孩的聪慧与敏悟，更有着
同时代众多女子所不具有的开阔眼界。

童年时期，其父李格非在京城为官，李清照主要是在继母王
氏的培养下长大的。饱读诗书的王氏不仅教女儿识字，也教她书
中的道理。李清照十分喜欢学习，且对学问有一种刨根问底的精神。
因为父亲远在京城，李清照便常常缠着继母王氏，让她讲京城是
什么样子的。在王氏对汴京繁华绘声绘色的讲述中，年少的李清
照对这座城市产生了无限神往之情。

东京梦华 >>>

后来，李清照和继母、弟弟一起，被父亲李格非接到了东京汴梁，也就是现在的开封。

公元 960 年，赵匡胤发动"陈桥兵变"，"黄袍加身"，建立北宋王朝，并将都城定在开封，称东京。到了宋徽宗时期，在经过北宋七位皇帝总共一百多年的大力营建后，开封人口突破百万，城市繁华富庶，位居全国之冠，是当之无愧的政治、经济、文化、交通中心。尤其值得指出的是，当时开封的商业繁荣程度，在全球范围内，都是没有可与之比肩的。开封城内，沿街店铺林立，坊、市合一，人潮人海，熙来攘往，是一个堪称人间天堂般的城市。

　　这样一个东京开封城，李清照在母亲的口中已经听说过多次，对其神往已久，是她梦魂牵绕之地。如今，她终于得偿所愿。

　　虽然一路上奔波劳苦，但这丝毫没有减弱李清照对东京风貌的兴致。等到了东京，眼前的景象令她产生了如梦似幻的感觉。

　　三十多年后，有个叫孟元老的南渡文人，写了一本《东京梦华录》，里面回忆的东京，正是李清照此时所置身的环境。那时的开封，太平盛世，城市高度发达，有着密集的人口。小孩子无忧无虑地玩耍，两鬓斑白的老人也没有经历过战争。节日一个接着一个，人们能观赏到各种美景：华灯齐放的良宵，月光皎洁的夜晚，瑞雪飘飞之际，百花盛开之时，或者是七夕节的乞巧，或者是重阳节的登高，或者是金明池的禁军操练，或者是琼林苑的皇上游幸，目光所及之处，皆是青楼画阁、绣户珠帘。聚敛了大量钱财的富商大贾、大官僚、大地主，在开封城随处可见，全国各地的奇珍异宝以及各种各样供达官贵人享乐的奢侈物品也纷纷聚集于此。奢侈风的蔓延，使得开封城的文艺风气也被最大限度地激发了出来，大型乐队伴奏着靡丽乐曲的场面随处可见；歌台舞榭、赏宴游乐成为文人之中流行的时尚。

　　开封城之所以如此繁华，除了北宋王朝历代的经营外，也与很长的一段时间内民众生活没有战事纷扰以及宋王朝重视文治的政策有关。宋太祖赵匡胤"杯酒释兵权"后，北宋统治者就一直施行以高官厚禄换取兵权的政策，大张旗鼓地鼓励在朝官员"多积金、市田宅以遗子孙，歌儿舞女以终天年"。与此同时，又采取了一系列促进经济发展的措施，农业、手工业及商业迅速发展，都市自然繁荣兴旺。

在商业发达的情况下，开封城的文化也呈现出空前的隆盛。宋代著名的官僚，大多是才华出众的文人，或者善诗词，或者善书画，或者集诸多才华于一身；如欧阳修、王安石、苏轼，甚至是被后世骂为"奸佞"的蔡京，也在书法上有着非常高的造诣。

李清照的父亲李格非，是苏门后四学士之一，其才华自不必多说。当时第一流的文人中，也有很多与他交往密切，经常前往李家做客，讨论时事，切磋学问，如苏轼的其他门人黄庭坚、晁补之、张耒、秦观、陈师道等。耳闻目染之下，李清照对文学创作更是充满热爱。

李格非很重视子女的教育，闲暇之时，经常会给李清照和她同父异母的弟弟李迒出题，让姐弟俩作些诗词文章。结果，比起弟弟，李清照的答卷总是要优秀很多。看着聪明伶俐的女儿，李

/ 李清照传
半世烟雨半世情 /

格非满心疼爱和欣赏，但不免也有遗憾：如果清照是个男儿身，说不定将来会成为经天纬地的栋梁之材。

在与朋友聚会聊天时，李格非有时也会把李清照作得出色的诗文拿出来分享。一个女孩子，年纪又如此小，就能写出普通文人难以企及的诗文，这让朋友都惊叹不已。于是，往后在谈论诗文的时候，他们就会请李格非把李清照也叫来，参与其中。这些北宋王朝的一流文人，比起大部分封建人士，无疑更具欣赏眼光，更重才学，没有什么世俗偏见。他们的指导和鼓励，使李清照的文学之路走得更加顺畅了。

在众多文坛前辈中，晁补之是和李清照最为亲厚的一位，他们是真正意义上的忘年交。晁补之，字无咎，号归来子，是"苏门四学士"之一，时人誉其"才气飘逸，嗜学不知倦，文章温润典缛，其凌丽奇卓出于天成"。李清照对这位充满儒雅之气的伯父有着莫名的敬意，经常围着晁补之问东问西；晁补之对才思敏捷的李清照也是欣赏有加，于是将自身所学倾囊相授。

这一时期，除了学习《女戒》《烈女传》等传统"女学"典籍外，李清照阅读更多的还是家藏的浩繁文史卷帙，同时，她习字、练画、理琴、弈棋、写诗、作词，不断地提高着自己。

情怀《如梦令》 >>>

　　接受齐鲁文化的熏陶，继承父母优秀的文化基因；在当世一流文人的熏陶和鼓励下成长，生活在都市文化高度活跃的开封，让少女李清照的才情得到了最大限度的发展，很快就展露出令人惊艳的才华。这种才华在她早期的词作中体现得淋漓尽致，而且，通过这些词作，我们能真实地感受到她的性格和少女情态。

　　青春年少的那些时光，总会有些让人难以忘怀的回忆潜藏在心底，挥之不去。每当日后回忆起来，就像是自带美颜功能一样，总是那么的美好动人。十三四岁的时候，李清照曾和她的小姐妹们一起结伴出游。她们品茶赏花，饮酒谈天，讨论着现在与未来，

快乐地勾勒着人生的蓝图。聊到尽情，喝到尽兴时，才发现暮色沉沉，天色已晚，该回家了。然而，不知道是因为被美景所陶醉，还是聊天过于投入，一群喝得晕头晕脑的小姑娘竟然将小船划进了茂密的荷花丛中……几年后，李清照将这一趣事写进了自己的一首词中。

常记溪亭日暮，沉醉不知归路。兴尽晚回舟，误入藕花深处。争渡，争渡，惊起一滩鸥鹭。

——《如梦令·常记溪亭日暮》

这首词开篇的"常记"两字起得仿佛平了些，也有口语化之嫌，然而却又胜在自然、和谐，似乎面对着一位知己娓娓而谈，让人觉得词人完全忘记了是在创作，而不过是日常的叙事，可在有意无意中，词人早已把读者引到了她所创造的词境中。"沉醉"二字透露了词人心底的欢愉，"不知归路"也传达出她流连忘返的兴致。看起来，这是一次给词人留下了深刻印象、令她十分愉快的游玩。果然，接下来的"兴尽"两句，就把这种印象递进了一层。"误入"一句，从行文上看，流畅自然，毫无斧凿痕迹；从结构上看，正与前面的"不知归路"相呼应，进一步表达了主人公忘情游玩的心思；从艺术造景上看，盛放的荷花丛中，一叶扁舟摇荡的美景，栩栩如生地呈现在读者的脑海中。一连两个"争渡"，则表达了主人公急于从迷途中找到正确路径的焦灼心情，非常形象化。正是由于"争渡"，所以又"惊起一滩鸥鹭"。至此，率性而为、兴尽而返、荡舟晚游的图景中一位活泼多情而又任性洒脱的少女跃然而出。

少女的心理总是纯真浪漫却又复杂多变的，李清照虽然会无忧无虑地玩到尽兴，但也会为春花秋月忧愁。不过，无论是游玩，还是忧愁，都是源于她对生活的热爱。比如，另一首同样大名鼎鼎但却略带忧愁的《如梦令》就是这样一首作品。

昨夜雨疏风骤，浓睡不消残酒。试问卷帘人，却道海棠依旧。知否，知否？应是绿肥红瘦。

——《如梦令·昨夜雨疏风骤》

这首词是李清照早期词作中的代表作之一。词中，李清照没有用一个字写从夜至明的经历，只是用"浓睡""残酒"作"搭桥

渡水"之妙招。然后一个"卷帘",点破天色已亮。问为她卷帘的
丫鬟,所问何事,一字不言,却于答话中"透露"出"海棠依旧",
十分之巧妙!紧跟一句"知否,知否?应是绿肥红瘦!"女主人
公感慨丫鬟的粗心,却不直接言明,显示出词人深厚的艺术功力。
这首词总共只有六句,属于小令词作,但其中却有如此多的层次,
句句折,笔笔换,如游名园,一步一景,在蔚为壮观的宋词群落
中亦堪称奇绝。

诚如大文豪歌德所说"哪个少年不多情,哪个少女不怀春",
对青春的感叹,对爱情的懵懂渴望也出现在这一时期李清照的词
作之中。

淡荡春光寒食天,玉炉沉水袅残烟,梦回山枕隐花钿。
海燕未来人斗草,江梅已过柳生绵,黄昏疏雨湿秋千。

——《浣溪沙·淡荡春光寒食天》

北宋有一个风俗,即每年春分至清明约半月的时间里,是女
孩子们"斗百草"的时节。在这个春光明媚、百草权舆的时节,
正值青春年少的女孩子们可以从深闺中走出,享受难得的自由,

和女伴们一起到田野中采集奇花异草，彼此争奇斗艳，此即"斗百草"。这个时节本来是女孩们最快乐的时候，但此时的词人，对此似乎已经没有了什么兴致。其他的女孩不断搜罗着奇花异草，想要在"斗百草"中获胜，而词人却为黄昏疏雨润湿了空挂的秋千而黯然神伤。随着天气的由晴转阴，词人的心情也随之变得惆怅缠绵。一个"湿"字，充分表达出词人的伤春情怀。

上面这三首词中的人物形象，或为李清照的真实写照，或为她的理想化身，很大限度地呈现出了少女李清照的风貌，再结合她的家世和成长环境，我们不难勾勒出一个李清照的青春画像：书香门第，自幼聪慧，有着敏锐的感知和很高的悟性，洒脱爽朗；既有大家闺秀的矜持，又有小家碧玉的热情，也有着普通少女的怀春之心。

闺阁中灿烂绽放 >>>

从李清照少女时期的词作来看，她的家庭氛围非常宽松，父母并没有太多的限制和要求，这也使得李清照的才情得以自由发展。和那个时代大多数闺阁女子不同，李清照好游、好酒，为人豪爽，有巾帼之风。这一时期，李清照不仅在词作上佳作连连，与苏轼门下的其他弟子晁补之、张耒等也都有诗歌唱和，尤其是与张耒的两首和诗，更是让她名震东京城。

这里简单介绍下当时的时代背景和张耒其人。

北宋末年的政治局势相当混乱，从王安石变法开始，党争就成为当时北宋政治的一种常态。新党与旧党力量此消彼长，都有过大起大落，相互之间的倾轧十分激烈，无论哪派主政，总会对另一派实行残酷的排挤与迫害。与此同时，无论哪一方执政，本派内部也会随之展开权力斗争，进而迅速分化。宋神宗对变法的摇摆不定、高太后的专权、宋哲宗的平庸，使新旧两派以及其内部的争斗更加肆无忌惮。这些统治阶层中的核心人物，无视或者不敢直视北方辽金势力的日益强大，置外患于不顾，一心扑在权力斗争上；北宋形势，岌岌可危。面对这样严峻的局面，一些头脑清醒的有识之士，担心唐朝安史之乱的历史悲剧重演，便拿起手中的笔做武器，借古讽今，想要警醒高层统治者，张耒就是其中之一。

张耒，字文潜，号柯山，人称宛丘先生。张耒诗学白居易、张籍，平易舒坦，不尚雕琢；其词流传很少，柔情深婉，风格与柳永、秦观相近。

中唐时期，诗人元结曾写过一首《大唐中兴颂》，诗中讲述了唐肃宗平定安史之乱、收复失地、迎还唐玄宗等历史功绩。后来，这首诗由著名书法家颜真卿书写并镌刻于湖南祁阳浯溪湘江崖上，即著名的"摩崖碑"。"摩崖碑"高数十丈，被人称为文、书、崖"三绝"，成了著名的名胜古迹。张耒在观赏"摩崖碑"后，有感而发，

作了一首七言古诗《读中兴碑》。

　　玉环妖血无人扫，渔阳马厌长安草。

　　潼关战骨高于山，万里君王蜀中老。

　　金戈铁马从西来，郭公凛凛英雄才。

　　举旗为风偃为雨，洒扫九庙无尘埃。

　　元功高名谁与纪，风雅不继骚人死。

　　水部胸中星斗文，太师笔下龙蛇字。

　　天遣二子传将来，高山十丈磨苍崖。

　　谁持此碑入我室，使我一见昏眸开。

　　百年废兴增感慨，当时数子今安在？

　　君不见，荒凉浯水弃不收，时有游人打碑卖。

　　这首诗借前朝往事讽喻当朝时弊，传到汴京后，迅速引起有
识之士的共鸣，纷纷提笔和诗。李清照读后也深有感触，即兴写
下了两首和诗，题为《和张文潜浯溪中兴颂两首》。

其一

五十年功如电扫，华清花柳咸阳草。

五坊供奉斗鸡儿，酒肉堆中不知老。

胡兵忽自天上来，逆胡亦是奸雄才。

勤政楼前走胡马，珠翠踏尽香尘埃。

何为出战辄披靡，传置荔枝多马死。

尧功舜德本如天，安用区区纪文字。

著碑铭德真陋哉，乃令神鬼磨山崖。

子仪光弼不自猜，天心悔祸人心开。

夏商有鉴当深戒，简策汗青今具在。

君不见，当时张说最多机，虽生已被姚崇卖。

其二

君不见，惊人废兴传天宝，中兴碑上今生草。

不知负国有奸雄，但说成功尊国老。

谁令妃子天上来，虢秦韩国皆天才。

花桑羯鼓玉方响，春风不敢生尘埃。

姓名谁复知安史，健儿猛将安眠死。

去天尺五抱瓮峰，峰头凿出开元字。

时移势去真可哀，奸人心丑深如崖。

西蜀万里尚能反，南内一闭何时开。

可怜孝德如天大，反使将军称好在。

呜呼，奴辈乃不能道辅国用事张后专，乃能念春荠长安作斤卖。

和直接创作诗歌相比，按韵和他人的诗无疑更难，因为不仅在题材上要受到原诗的限制，形式上也要与原诗相同。在这个前提下，要想写出新意，用现代文学的一句术语来形容，就是"戴着镣铐跳舞"。然而，李清照不仅一口气和出了两首，而且从历史深度来看，比张耒的原诗要更为深刻，显示出了"直欲压倒须眉"的见识与才情。张耒的原诗，可谓中规中矩，就是对唐代中兴功绩的歌颂和对历史兴亡的感叹。而李清照这两首和诗则言辞慷慨，寓意深远，气势磅礴之处，堪比征战沙场的英豪。

在上面这两首和诗中，李清照从大局着眼，深入分析了安史之乱以及唐王朝军队在开始的时候毫无抵抗之力的原因，那就是以唐玄宗为首的唐王朝统治集团耽于享乐，竭民力以满足一己私欲，任用奸佞之臣，最终导致不可挽回的大祸。在总结唐王朝的历史教训时，李清照对骄奢淫逸的唐玄宗和一班谄媚误国的奸佞之臣进行了有力的鞭挞。其批判锋芒之尖锐，很容易让人感受到是对当时宋王朝时政的隐讽；虽然是咏史，但却透露出李清照心中的忧国忧民之思。

特别需要指出的是，张耒的原作主要是在对郭子仪等"中兴"功臣进行歌颂，对历史得失虽有感悟，却是泛泛而论，没有特别出彩之处；而李清照却能从寻找安史之乱的根本原因出发，对历史兴替进行了深入思考。她的这种思考不能说完全把握住了历史发展规律，但无疑是一种可贵的探索。正因如此，李清照这两首和诗一经传出，即赢得众多称赞，有的惊诧女流之辈竟能作出这样有气势、有深度的诗歌，有的惊叹这两首诗作与李白诗风极为相似。宋人王灼在《碧鸡漫志》中赞美李清照"自少年便有诗名，才力华赡，逼近前辈，在士大夫中已不多得。若本朝妇人，当推文采第一"。事实上，王灼对李清照的作风、词品不是没有微词，但也不得不对李清照的才气表示赞叹。到了明代，李清照的诗、文、词作品遗失严重，但有识之士还是能从不多的作品中发现她的可贵和杰出，如明代学者陈宏绪就盛赞李清照的诗"脍炙千秋"，"称

古今才妇第一，不虚也"，称李清照这两首诗"奇气横溢，尝鼎一脔，已知为驼峰、麟脯矣"。

至于张耒本人对李清照两首和诗的具体评价如何，我们已无从知晓，但从张耒在李格非墓志铭中所写的"长女能诗"来看，张耒对李清照的诗才是持肯定态度的。晁补之也对李清照赞赏有加，常在士大夫面前称赞她。毫无疑问，与张耒、晁补之等著名文人的交流和诗文唱和，以及这些人对李清照的褒奖鼓励，都对李清照在文学方面的发展产生了积极的影响。

像这样一位有着出众文学天赋又对生活和艺术兴趣盎然的女子，在未来的日子里，成长为一名才女，遇到美好的爱情，自然也就是可以期待的事情了。事实上，李清照的声名也的确让东京城的年轻才俊们心动不已，都想见她一面，上门提亲的媒婆更是一个接一个。这让父亲李格非深感骄傲的同时，也不免有些挑花了眼，一时拿不定主意；再加上对女儿备加疼爱，不想轻易许人，于是便一一予以拒绝。从李清照自身来说，虽然到了情窦初开的年纪，对美好的爱情充满向往，但因为自身有着极高的才情和见识，平常见到的男人也都是当世才俊，对另一半的期待自然也是很高的。

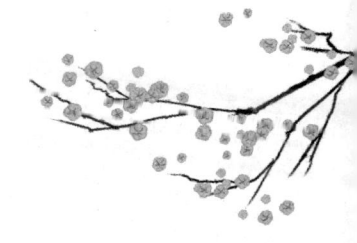

第二章
东京爱情故事

　　"只是因为在人群中多看了你一眼，再也没能忘掉你容颜。"相逢于灯火阑珊处，她风姿绰约，他温文尔雅，一切就像电影，比电影还要精彩。假如爱有天意，他和她应该就是命中注定的一对，注定要进入彼此的人生，默然相爱，寂静欢喜。

假如爱有天意 >>>

　　相遇是人世间最为美好的事情之一，每一场相遇都是可遇不可求的。在茫茫人海中，彼此驻足、停留，在心中留下对方的影子，期待更美好的事情发生，这无疑是漫漫人生路上所能遇到的最美的风景。

　　张爱玲曾说过："于千万人之中遇见你所遇见的人，于千万年之中，时间的无涯的荒野里，没有早一步，也没有晚一步，刚巧赶上了，那也没有别的话可说，唯有轻轻地问一声：'噢，你也在这里吗？'"

　　"哦，你也在这里吗？"就是这一句再寻常不过的问候，可能在经过时间的洗礼后，都会成为我们生命中难以忘怀的记忆。相遇没有必然，是一件十分"偶然"的事，"偶然"到这件事发生的时间和地点都是不可预知的，只是在对的时间和对的地点刚刚好碰上了彼此生命中对的那个人，一切似乎就是天意的安排。也许相遇在草长莺飞、生机勃勃的暮春三月，深情感叹，春风十里不如你；也许是远隔千里、万里，从未曾谋面，只是在文字里进行灵魂的交流·也许是在凤箫声动、玉壶光转的良宵佳节，蓦然回首时，那一刹难以言说的喜悦。李清照与赵明诚的相遇就是这最后一种。

赵明诚，字德甫，是北宋末期新党代表人物之一赵挺之的小儿子。赵明诚从小就喜欢收藏、观赏金石字画，对权力斗争没什么兴趣。十八岁时，他进入太学求学。

话说某一年的元宵佳节，赵明诚与好友李迥去东京大相国寺赏花灯，偶然与李清照相遇。赵明诚早就读过李清照的诗词，此时一见之下，顿生爱慕之意；李清照也对这位世家公子第一印象很好。说来也巧，李迥正是李清照的从兄，他一眼就看出两人眼神中异样的情愫，于是便竭力撮合他们交往。很快，二人就坠入了爱河。至于赵明诚是如何追求李清照，李清照又是如何回应的，

这些两人恋爱的细节，史料中不可能记载，我们也无从得知，但可以从李清照的一首词中窥出个大概。

蹴罢秋千，起来慵整纤纤手。露浓花瘦，薄汗轻衣透。

见客入来，袜刬金钗溜。和羞走，倚门回首，却把青梅嗅。

——《点绛唇·蹴罢秋千》

这首词以生动的笔触，形象地为我们描绘出一位青春妙龄的少女面对意中人时，既羞涩又激动的神态。词的上阕主要是描写少女荡秋千后的情形，妙在静中见动，通过慵懒、薄汗等描写，很容易令人联想到少女荡千秋时不知疲倦的情景。下阕叙事，"见客入来，袜刬金钗溜"几句，生动体现出一个妙龄少女的活泼性格和天真烂漫的情态。结尾的"和羞走，倚门回首，却把青梅嗅"是这首词的精华，简单的几笔，就勾勒出了一个少女的矛盾心情：一方面，受困于男女授受不亲的封建礼教，本能地想克制自己的欲望；另一方面，又想到可能是心中的"他"来了，因此情不自禁地倚门回首，并通过嗅青梅的细节来掩饰偷窥的慌乱心理。读完整首词，展现在我们面前的是一个形象鲜明，充满青春气息又有几分娇羞，沉浸于甜蜜爱情中的可爱少女的形象。

据元代文人伊世珍的《琅嬛记》记载，赵明诚的父亲赵挺之要为儿子挑选妻子，问他有没有心仪的对象。赵明诚没有明说喜欢李清照，而是谎称自己大白天做了一个梦，梦里读了一本书，醒来后大部分都忘记了，只记得其中有这样三句："言与司合，安上已脱，芝芙草拔。"赵挺之略一思索，即解其中之意，说：你这是要找一个女词人做妻子呀，你看，"言与司合"，是"词"字，"安上已脱"，是"女"字，"芝芙草拔"，是"之夫"二字，这不是说你为"词女之夫"吗？

在当时的开封城，待字闺中而又名动京城的女词人除了李清照还能有谁呢？

这则美好的故事或许只是围绕这对著名夫妻而产生的一个民间传说，为他们美好的爱情故事加上一些浪漫的色彩。我们没有必要纠结于故事的真假，赵明诚与李清照的缘分是既定的，纵然没有那美好的邂逅，没有这次梦境的铺垫，也无碍月老在他们之间悄悄拉上一根红线。

另一方面，无论这个故事是真是假，至少还透露出一点，那就是赵明诚之所以不向父亲直接表明自己的意中人是李清照，还

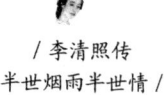

因为赵挺之与李格非的政治身份。前文讲过，北宋末期，新旧两党竞争激烈，堪称水火不容。李格非是苏门后四学士之一，在政治上自然随苏轼划入旧党，而赵挺之则属于新党。在新旧两党冲突剧烈的大势下，两家联姻几乎是没有可能的事。好在宋徽宗即位后，改国号"建中靖国"，对新旧两党采取折中政策，使得两党之间的矛盾不再那么尖锐，这也给赵明诚与李清照的婚姻提供了良好的契机。此外，在赵挺之看来，李格非虽然与自己分属不同阵营，但关系还算和睦，并没有过直接冲突；而且李格非的道德文章，自己也是仰慕已久；再说，新旧两党之争的结果谁都无法预料，与李家联姻，也是给自家留一条退路。所以，在赵明诚委婉地向他表明了自己喜欢的是李清照后，赵挺之便也成全了儿子的心思，请媒婆前去李府提亲。自然，对于这门婚事，李格非也是要慎重考虑的，但他考虑的重点倒不是政治方面的因素，而是女儿的幸福。好在赵明诚的人品和学识都是上上之选，正配自己女儿。更重要的是，李清照也喜欢赵明诚。就这样，郎有情，妾有意，新旧两党之争趋于缓和，双方家长不反对，两家又是门当户对，接下来的事情自然是水到渠成。

当然，李清照与赵明诚之所以能走到一起并被视为古代婚姻幸福的一个典型，最重要的还是双方拥有匹配的才情和相投的志趣。赵明诚尽管出身显赫，却丝毫没有一般世家公子不学无术的纨绔之气，且才华也相当突出，在当时开封城是数得着的青年才俊。赵明诚还有一个爱好，那就是热衷于寻访和收集前朝的金石碑刻与文物字画，而李清照对此也有很大的兴趣。

总之，假如爱有天意，缘深缘浅自有定数。在纷繁的红尘俗世里，或许真的有一种无形的宿命之力支配着人们的感情，该是你的爱情，逃也逃不掉，避也避不开，这大概就是现代人所说的心灵的通融与羁绊、灵魂的触动与皈依。李商隐在《无题》中写道："昨夜星辰昨夜风，画楼西畔桂堂东。身无彩凤双飞翼，心有灵犀一点通。"有了心灵的相通，灵魂的相依，才会有情感的交融；心如果在一起，爱就不会走远。李清照和赵明诚的浪漫爱情，似乎就是冥冥之中上天注定了的。

甜蜜蜜 >>>

　　有情人终成眷属。相比于无忧无虑的少女时代，喜结良缘的李清照是更加幸福的。这一时期，她的词作中也不再是待字闺中的羞涩、幻想与天真，更多的是对甜蜜爱情的描摹与讴歌。

　　卖花担上，买得一枝春欲放。泪染轻匀，犹带彤霞晓露痕。
怕郎猜道，奴面不如花面好。云鬓斜簪，徒要教郎比并看。

——《减字木兰花·卖花担上》

|第二章|
东京爱情故事

这首词作于宋徽宗建中靖国年间，当时，李清照与赵明诚正值新婚宴尔，心中对爱情充满新鲜的体验。这首词截取的是新婚生活的一个侧面，显示出词人自信、活泼、娇羞的新婚妻子形象；通过买花、赏花、戴花、比花，生动地表现了词人天真、可爱以及好胜的性格。虽描写的是闺房之趣，却达到了"乐而不淫"的艺术境界。

我们试着来了解这首词所描述的情景和意境。

那应该是一个清晨，一向喜欢梅花的词人兴奋地买来一枝含苞欲放的梅花。花朵上仍然浸染着清晓露珠的痕迹，花色灿如朝霞，楚楚动人，令人爱不释手。然而在下阕，词人突然笔锋一转，产生了一种忧虑：如此我见犹怜的鲜艳梅花，如果让夫君看到，怕是会认为比我更美呢。其实，词人此时正值十八九岁的青春年华，容貌艳丽，再加上饱读诗书、才情无双，那种娇美高雅的气度，又怎么会比不过一朵梅花呢？在这里，词人之所以莫名地嫉妒这朵含苞欲放的梅花，之所以故意猜疑夫君的心思，主要目的还是温柔地暗示夫君，我是如此在乎你，更是要向自己证明，在夫君心中，我的地位是独一无二的。所以，词人马上说，"我要将你斜插在我如云的鬓发当中，让我的夫君看一看，到底是人比花

娇，还是花娇胜人？"如此自信的追问，本身就是一个肯定答案，两相比较之下，丈夫的回答恐怕只能是：花美，人更美！

这首词是李清照新婚宴尔的幸福生活的一段小插曲。一朵鲜花无论如何也不能与新婚妻子相比，李清照只不过是借花衬人，表达初婚后的娇嗔之态与心中洋溢的幸福感。难得的是，李清照不仅有女儿心思，更有生花妙笔，为后世留下了这动人的美丽瞬间。

后世有人怀疑这首词并不是李清照创作的，原因是"词意浅显，亦不似他作"（赵万里辑《漱玉词》）。在他们看来，这首词词义浅薄，没有表达出什么深刻的思想内容，怎么可能出自一代词宗李清照之手呢？但是，事实上这才正是李清照的本色，对美好的事物永远充满热情。也只有如此，才可能写出真正的好词，才会在千年之后，依然感动无数读者。

梅花是李清照一生最爱的花，从少女时期到老无所依，无论在什么样的境况下，每到梅花开放的季节，她的情思总会被激发起来。只是不同的境况下，有不同的情思而已。比如下面这首词作。

雪里已知春信至，寒梅点缀琼枝腻。香脸半开娇旖旎。当庭际，玉人浴出新妆洗。

造化可能偏有意，故教明月玲珑地。共赏金尊沉绿蚁。莫辞醉，此花不与群花比。

——《渔家傲·雪里已知春信至》

这首词充满自得自矜之意，应该也是李清照新婚时期的一首词作。

在这首词里，词人笔下的梅花明艳得不可方物，就如同刚刚出浴的美人，新妆初罢，婀娜多姿，有着万种风情。梅花适宜在月下观赏，而造物也似乎特别眷顾美好的事物，所以让月色玲珑剔透，与梅花做伴，使暗香浮动，疏影横斜。这树梅花正是词人自身新婚幸福生活的写照。词的结尾，词人劝人要珍惜好酒、好花、好时光，珍惜如花美眷，这其实也是词人自身的爱情宣言。

读到这里，有人或许会产生疑问，难道这就是赵明诚、李清照幸福的新婚生活吗？这和一般夫妻没什么区别呀，也不过是你侬我侬、卿卿我我甚至说是腻腻歪歪，并无什么特别的地方。诚然，作为新婚夫妻，赵明诚和李清照的常规生活与一般人没有什么区别，皆是可以想象得到的，但我们要知道，甜蜜美满不过是婚姻幸福外在的表现，关键在于为何会感到甜蜜幸福。

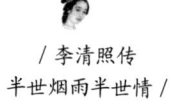

对于赵明诚、李清照而言，他们对幸福甜蜜的理解并不同于一般的小夫妻；朝夕相处、形影不离、耳鬓厮磨、如胶似漆等形容甜蜜幸福的词语，在他们眼里并不是最高的幸福标准。相反，尽管是新婚，赵明诚也并不能整日与爱妻厮守，他还要去太学上学。北宋对于太学学生的规定与政府官员一样，只有节假日可以休假，此外就是每个月初一、十五的"休沐日"（休息、沐浴日）方能请假回家。所以，平常的日子里，赵明诚只有这两天可以与妻子一聚。

事实上，对这对夫妻而言，他们的幸福更多的是建立在共同的情趣爱好上，是一种精神意义上的相依相融。具体来说，就是他们能够一起参加彼此都非常热爱的文化艺术活动，比如诗词文章的创作、金石碑刻的收集整理、文物字画的品味鉴赏等。这也是他们之间最重要的感情纽带，是他们婚姻高层次幸福的决定性基础。当然，除了这些之外，他们也会邀请朋友前来饮酒品茶，但正像刘禹锡在《陋室铭》中所说，"谈笑有鸿儒，往来无白丁"，与他们夫妻往来相交的朋友大多都是有才情有品位的饱读诗书之士。

大相国寺"淘宝"记 >>>

大相国寺是北宋时期东京开封最为繁华和热闹的地方,大小院落有六十四处之多,殿堂屋宇四五百间,最多可容纳万人。寺内设有专门的贸易市场,凡是外地来的商客,无论是出售货物还是采购,都经由这里。

《东京梦华录》卷三中专门有"相国寺内万姓交易"一节,其中写道"相国寺每月五次开放万姓交易,大三门上皆是飞禽猫犬之类,珍禽奇兽,无所不有。第二、三门皆动用什物……殿后资圣门前,皆书籍、玩好、图画及诸路罢任官员土物、香药之类"。

欧阳修在《文忠集》中写道:"京师诸笔工,牌榜自称述……

或柔多虚尖，或硬不可屈……价高仍费钱，用不过数日。"这里，欧阳修对大相国寺市场出售的笔大发牢骚，但也从侧面透露出他经常到大相国寺购买笔墨的信息。

梅尧臣在《同次道游相国寺买得翠玉罂一枚》一诗中说："古寺老柏下，叟货翠玉罂。兽足面以立，瓜腹肩而平。虚能一勺容，色与蓝水并。我独何为者，忽见目以惊。家无半钟畜，不吝百金轻。都人莫识宝，白日双眼盲。"从这首诗中，我们可以看到，当梅尧臣从相国寺的老柏树下买到翠玉罂（古代的一种盛酒的器皿，腹大口小）时的心情：看到自己心仪的宝物之后，心里喜不自胜，直笑别人不识宝。这正是所有淘宝者的一种常见心态。

米芾在他写的《画史》中称，他在相国寺以八金购得纸桃两枝，"绿叶虫透背，二叶着桃上，二桃突兀，高出纸素，徐熙（五代南唐画家）真笔也"。他还在这本书里记述了一名叫范大珪的官员在大相国寺得《雪霁图》一幅，知其为王维的真迹后，竟采取极不光彩的手法抢夺而去的事。

和上述这些著名文人一样，赵明诚和李清照夫妇也是大相国寺淘宝队伍中的常客。

赵明诚致力于金石之学，可谓幼而好之，终生不渝。他曾自谓：

"余自少小喜从当世学士大夫访问前代金石刻词。"与李清照结婚后，赵明诚对金石学志趣更是有增无减，日趋痴迷，有"尽天下古文奇字之志"。至于李清照，本身就喜欢传统文化，对金石文化也有兴趣；结婚后，受赵明诚的影响，逐渐养成了浓厚的金石收藏爱好和良好的习惯。

两人结婚时，赵明诚二十一岁，正在太学读书，并无俸禄，他们的父亲赵挺之和李格非虽然在朝为官，但两人向来为官清廉，并无多少钱财。另一方面，这对青年夫妇自尊心又都极强，不愿向父亲伸手要钱，所以，他们的新婚生活虽然幸福，但却并不是太富足。为了去大相国寺购买心爱的金石字画，他们节衣缩食，还经常典当衣物。大相国寺内有专门出售金石字画等文物的地方，一旦在这里发现值得收藏的珍贵文物，而所带的钱又不够，赵明诚就会毫不犹豫地脱下衣服作抵押，李清照也总是予以果断的支持。回到家中后，夫妻二人桌前对坐，一面把玩买回来的文物，一面谈笑风生，可谓是只羡鸳鸯不羡仙。如此几年，积少成多，他们单是收藏的钟鼎碑碣之文书就有两千卷之多。

后来，赵明诚进入仕途，有了一定的俸禄，但与金石字画高昂的价格相比，还是有些不够。所以，夫妇二人的生活依旧过得

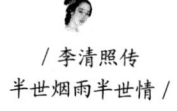

非常俭朴，省下的钱几乎全都花在了购买金石上。不过，他们不改其乐，赵明诚还立下了"穷遐方绝域，尽天下古文奇字"的伟大志向。当然，他们夫妻的财力毕竟有限，在收藏金石字画的过程中，难免也会有众多遗憾之事。比如，有一次在大相国寺，一个人向他们兜售南唐著名画家徐熙的《牡丹图》。徐熙出身江南名族，一生以高雅自认而不肯出仕，善画花竹、禽鱼、蔬果、草虫。徐熙画花，落笔颇重，只要略施丹粉，便骨气过人，跃然纸上。时称"江南花鸟，始于徐家"。《牡丹图》是徐熙的代表画作，一经问世，便被视为画牡丹的神品，可惜后来流落民间，始终未见踪影。没想到，竟然有人主动送上门来，这令李清照和赵明诚大喜过望。不过，既然是神品，价钱自然不低，来客出价二十万文，并慷慨地表示信任赵明诚在收藏界的名望，允诺让他们先欣赏几天。夫妻二人在家中将这幅画欣赏了两夜，确认是真品无疑，对其赞不绝口，爱不释手。然而，他们最终想尽了办法也筹不到二十万文，无奈之下，只好恋恋不舍地归还了这幅画作。为此，"夫妇相向惋怅者数日"。

需要指出的是，赵明诚和李清照夫妇买书、抄书、藏书，收集碑帖、器物，不只是为了收藏鉴赏，还是为了学习与研究。在几十年的岁月里，两人合著了《金石录》一书，此书在中国金石研究史上有开创性意义，李赵两人也因此被称为中国古代金石文化的"双星"。无论是何朝何代，《金石录》封面上，李清照都是当之无愧的"第二作者"。关于这本书，我们后文还会有更多的介绍，这里暂不多做介绍，也是保留一点悬念。

欢乐趣，离别苦 >>>

婚后的生活除了情投意合的甜蜜，也少不了分别的离愁。结婚两年后，赵明城出仕，开始担任官职。虽然他不一定是外出做官（史料对此无记载），但肯定会因为寻求文物而出京。这种情况下，李清照只能靠鸿雁传书，来表达思念之情，书写的方式自然少不了她最拿手的词作。

帝里春晚，重门深院。草绿阶前，暮天雁断。楼上远信谁传？恨绵绵。

多情自是多沾惹，难挤舍，又是寒食也。秋千巷陌人静，皎月初斜，浸梨花。

——《怨王孙·帝里春晚》

　　赵明诚出京后，独自在家的李清照难免会产生无限相思之情，这首词就是这一时期她表达相思的代表作品之一。词的上阕描写词人于暮春时节的一个傍晚在楼上怀远的画面，从景到情，由物及人，以景物衬托相思之情，给人离恨“绵绵”之感。下阕的前三句直抒“多情”，后三句转而写景，将词人因“多情”而产生的离恨，融入夜深人静的“秋千巷陌”和月光渗透的“梨花”组成的画面之中，使离情更加幽深。结尾两句“人静皎月初斜，浸梨花”，造景极具空灵美感，一个“浸”字传达出无穷意蕴，是“词眼”之所在。

　　寂寞深闺，柔肠一寸愁千缕。惜春春去，几点催花雨。
　　倚遍阑干，只是无情绪。人何处，连天衰草，望断归来路。

——《点绛唇·寂寞深闺》

这是一首语浅情深的闺怨佳作。词的上阕,将"一寸"柔肠与"千缕"愁思并列,使人很容易产生一种强烈的压抑感,似乎词人愁肠欲断,再也无法承受。"惜春"两句,并没有直接表达愁绪,而是用"惜春春去"的矛盾,展现词人内心的千缕愁思。惜春,惜花,其实也正是珍惜青春和年华的体现。下阕写词人凭栏远望,在"倚"这个动词后面缀以"遍"字,形象地描绘出词人百无聊赖的苦闷心情。接下来又用"只是"与"倚遍"相呼应,衬托出因苦闷而导致的"无情绪",有力地体现了词人无法排遣的愁情。结尾处,词人遥问"人何处",点明凭栏远望的目的,同时也表明了"柔肠一寸愁千缕""只是无情绪"的根本原因。终句"望断"二字,写尽盼离人归来而不能的愁苦心情。此时,词人的感情已积聚至顶点,全词亦达到高潮。整首词以女性特有的视角和笔触,委婉含蓄地表达了词人内心对丈夫的深沉思念,清而不俗,婉而不媚,其情感细腻之处,在李清照词作中,亦是屈指可数的。

　　红藕香残玉簟秋。轻解罗裳,独上兰舟。云中谁寄锦书来,雁字回时,月满西楼。

　　花自飘零水自流。一种相思,两处闲愁。此情无计可消除,才下眉头，却上心头。

——《一剪梅·红藕香残玉簟秋》

　　这首词上阕首句"红藕香残玉簟秋"描写的是秋天的景象。所谓红藕，即粉红色的荷花，玉簟是指精美的竹席。这个时节，荷花已经全部凋谢，池水上一派萧条景象。词人结婚不久，本应该尽享新婚宴尔的快乐，此时，却只能面对如此悲凉的场面，心中的凄楚之情不难想见。"轻解罗裳，独上兰舟"，这一句是写词人更换了衣服，独自划船出游。"独上"有寂寞冷落之感，暗指离情，表明词人划船出游并非出于闲情逸致。"云中谁寄锦书来"则明写别后的思念。词人独上兰舟，眺望云天，起思念之情。"雁字回时，月满西楼"，即由此思念之情生发，这一"望断天涯、神驰象外"的情思和遐想，不分时间和地点，始终萦绕于词人的心头。

　　下阕首句"花自飘零水自流"并非简单的事物描写，包含着人生、年华、爱情、离别等复杂情绪，给人以"无可奈何花落去"的感觉。"一种相思，两处闲愁"，既是在写自己的相思之苦、闲愁之深，也是由自己推想到对方，深知这种相思不是单方面的，而是双方的，以见心心相印之情。"此情无计可消除，才下眉头，却上心头。"在词的结尾，词人进一步渲染了自己深沉的情怀：相思时刻萦绕，愁苦绵延不绝，没有任何办法来排遣；紧皱的眉头方才舒展，而愁绪又涌上心头。在这里，"眉头"与"心头"对应，"才下"与"却上"成起伏，语句工整，鲜明地展现了相思之苦。另外，这几句和李煜《相见欢》中的"剪不断，理还乱，是离愁。别是一般滋味在心头"的意境相似，有异曲同工之妙，可对比阅读，感受其中深意。

据《琅嬛记》中记载："易安结婚未久，明诚即负笈远游。易安殊不忍别，觅锦帕书《一剪梅》词以送之。"这首作于与丈夫离别之后的词作，寄寓着李清照不忍离别的一腔深情，将夫妻分离后难舍的心情与满心的挂念刻画得入木三分，反映出初婚少妇沉溺于情海之中的纯洁心灵。以词来抒写相思之情，李清照并不是首创，但她的这首《一剪梅》却以清新的格调、女性特有的沉挚情感以及不落俗套的表现方式，给人一种与众不同的婉约享受，千百年来，一直是李清照词作中最受欢迎的作品之一。

在寄给赵明诚的词作中，还有一首名作《醉花阴·薄雾浓云愁永昼》。

东京爱情故事

薄雾浓云愁永昼，瑞脑销金兽。佳节又重阳，玉枕纱橱，半夜凉初透。

东篱把酒黄昏后，有暗香盈袖。莫道不消魂，帘卷西风，人比黄花瘦。

在这首词中，词人将对丈夫的相思之情描写得朴素且深刻，女性细腻的感情被表达得淋漓尽致。开篇用"薄雾浓云"描写天气阴沉，实则是烘托词人的愁闷之情，而用"永昼"来描写白天，表达的是相思难熬，度日如年。下阕写赏菊，赏菊本是旨在团圆的重阳佳节的最大快乐，然而自己却孤身一人，对比之下，更能烘托出词人的愁闷心情。接着，又用菊花的"瘦"来进行比喻，形象地表达了词人形单影只的悲苦心情。

值得一提的是，与这首词作相关的还有一个有趣的小故事：赵明诚在收到李清照寄给自己的这首词作后，先是为词中饱含的深情所感动，后又为词作所体现的高超艺术水准所刺激，立誓一定要写一首超过妻子的词作。于是，他关门谢客，苦写三日，得新词十几首，然后，他将李清照写给他的词混入其中，请朋友点评。友人读完后，大赞他词作水平提高太快，自叹不如，并指出其中

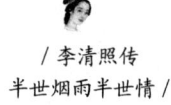

李清照传
半世烟雨半世情 /

　　的"莫道不消魂,帘卷西风,人比黄花瘦"堪称经典。赵明诚听后,大笑着掩饰自己的尴尬,自叹弗如,从此对妻子更加敬重。

　　虽有短暂离别,但李清照新婚后的日子,总的而言是极其甜蜜的。如果她的一生都能这么度过,那么,她留给后世的作品必定会是另外一番面貌,然而好景不长,她人生当中的第一次重大变故降临了。

何况人间父子情 >>>

　　美好的时光总是短暂的，北宋朝廷内部激烈的新旧党争很快将李家和赵家一起卷了进去，身处其中的赵明诚夫妇，自然难以幸免。

　　公元1102年，也就是李清照嫁给赵明诚的第二年，奸臣蔡京被宋徽宗重用，担任尚书右仆射兼中书侍郎。蔡京上台后不久，即上书宋徽宗，大肆弹劾旧党朝臣。在蔡京不断的鼓动下，徽宗改变了即位之初平衡新旧两党关系的执政思路，决定全面推行新法，打击旧党人士。李格非因为是苏轼门人，又与一众旧党来往密切，被列为"元祐奸党"。

古代权力斗争向来都是几家欢喜几家愁，旧党被打压，新党自然得势。没过多久，身为新党核心成员的赵挺之就被晋升为尚书左丞。一时之间，赵家门前车水马龙，前来向赵挺之道喜的人络绎不绝，几乎都要踏破赵家的门槛了。看着一众官员趋炎附势的模样，李清照心生厌恶的同时，也为父亲所要面对的处境暗自神伤。

　　戴上了"奸党"的这项帽子，巨大的危机也就随之而来了。宋徽宗听信蔡京等奸臣的谗言，命人将"元祐奸党"的名单刻存在端礼门上。"元祐奸党"一共一百二十余人，李格非的名字赫然列在第二十六名的位置。

　　起落沉浮是官场常见之事，尤其是在那样一个新旧党争激烈的时代，遭遇这样的危机是每个北宋朝臣都有所准备的，无论新党还是旧党。所以，李格非对于这次的倾覆倒没有太多的意外和怨愤，只是平心静气地等候着朝廷的发落。可对于一向坚强、不甘心被命运摆布的李清照而言，父亲遭此危难，又如何能置之不理呢？她跑去向正得势的公公求情，希望公公能施以援手，可赵挺之为了避嫌，竟对李清照的求情完全无视。

　　赵明诚眼见岳父落难，父亲又一味避嫌，自己夹在中间，也是十分尴尬。思忖再三后，他终于想出一个主意，便对李清照说：父亲一向看重你的才学，何不以诗词来打动他老人家呢？

在赵明诚的启发下，李清照"蘸泪为墨，以纸托心"，写出了"何况人间父子情"的句子。赵明诚替妻子将信交到父亲赵挺之手中，希望父亲能感念清照的一片孝心，帮李格非摆脱危难。可这时新党得势，正欲对旧党处之而后快，又怎能为儿女情长，给旧党翻身的机会？最终，李清照的肺腑之言被撕成了碎末。对于公公的行为，李清照心中十分气恼，又写下了一句"炙手可热心可寒"。杜甫的《丽人行》中有相似的句了"炙手可热势绝伦"，讽刺的是杨国忠、杨玉环兄妹。李清照借用此句，不难看出对赵挺之的讽刺之意，其言外之意是说，您的权势现在固然很大，但是作为晚辈、家人的我感到的只是心中的寒冷。由此可见，虽是大家闺秀，但李清照个性中却不乏奔放刚烈、蔑视世俗礼仪的一面，绝不是低眉顺眼、谨守家规的小媳妇。

伤心气恼无法解除父亲的危机，该来的总是会来。很快，一纸诏书，李格非被罢官免职，不得留在京城。如此，李格非也只能携眷返回原籍章丘明水镇。得知消息后，李清照心如刀割。无忧无虑、一帆风顺地长大、嫁人，从来没有遇到过什么大的波折

的她，突然有了失去依靠的感觉。尽管已嫁作人妇，可在她心里父亲是永远的依靠。而且，自己的公公在政治上与父亲还是对立的，这让之前一直天真活泼的李清照似乎一下子变得成熟起来，虽然这份成熟中有着难以言表的苦涩。

福无双至，祸不单行。崇宁二年（公元 1103 年）九月到次年四月，北宋朝廷连下了三道诏令：一是禁元祐党人子弟居京；二是宗室不得与元祐奸党子孙为婚姻；三是元祐党人子弟，不问有官无官，并令在外居住，不得擅自到京城。

就这样，李清照也被遣离京城，只身回到了故乡章丘明水，投奔父亲。在故乡的这一段时间，李清照的心情无疑是忧愁的，心境无疑是落寞的。她总是会不经意地想起在京城的日子，想起和丈夫在一起的幸福时光。她对丈夫的思念，始终无法放下。每到深夜，李清照都辗转难眠，这种情绪也反映在这一时期她的词作中。

草际鸣蛩，惊落梧桐，正人间、天上愁浓。云阶月地，关锁千重。纵浮槎来，浮槎去，不相逢。

星桥鹊驾，经年才见，想离情、别恨难穷。牵牛织女，莫是离中。

甚霎儿晴，霎儿雨，霎儿风。

———《行香子·草际鸣蛩》

在这首词中，词人先是感叹七夕来临之时，无论是天上还是人间都笼罩着浓浓的愁绪。"草际鸣蛩，惊恐梧桐"，这是从听觉入手写凄清之景，不仅增强了下句的感伤情调，而且给全词笼罩上一层凄凉的气氛。"正人间、天上愁浓"到上阕尾句主要是写词人为牛郎、织女发出的感叹。牛郎织女一年才相会一次，相会之时又为离别之日，这其中不知道积蓄了多少离愁别恨，"愁浓"二字写尽了其中的辛酸。

"星桥鹊驾，经年才见，想离情、别恨难穷"，下阕首三句词人继续展开想象。上阕是感叹牛郎、织女离愁之浓重，这里则是忧虑牛郎、织女别恨的难以穷尽。一个"想"字，道出了词人对牛郎、织女遭遇的同情，也体现出了一种同病相怜的心理。"牵牛织女，莫是离中"，这两句由想象回到现实。词人仰望星空，猜想此时的乌鹊已将星桥搭起，那么牛郎、织女有没有相聚呢？关注之情溢于言表。最后三句"霎儿晴，霎儿雨，霎儿风"，是指词人眼中的天象是一会儿晴，一会儿雨，一会儿风，所以她也说不准

牛郎织女相聚时会是什么天气。虽然这里是对牛郎织女相聚之事发出的感叹，但从中也可以读出词人对自身命运无法掌握、不能预知的忧患心理。在父亲遭遇党争之祸后，词人的心理已经变得成熟，也多虑起来。她不知道自己什么时候才能像以前那样无忧无虑地生活，不知道什么时候才能与丈夫见面，也不知道父亲接下来还会受到什么更严重的政治打击。想到牛郎织女，联系自家遭遇，自然也就产生一种朝不保夕的忧患心理。

如果说当时还有什么能够支撑和安慰屡遭打击的李清照，除了家乡的亲人，那就只有丈夫赵明诚了。赵明诚并不像他父亲赵挺之那样以政治立场来论人的优劣，在妻子处于危难之际，依旧能够不失初心，对其不离不弃。

公元 1106 年，得益于赵挺之的拜相，赵明诚胜任鸿胪寺少卿。彼时，赵挺之大权在握，赵家可谓是门庭若市，风光无限。也就是在这一年，北宋朝廷毁《元祐党人碑》，大赦天下。蔡京在与赵挺之的新党内部权力斗争中暂时落败，被罢去相位，党人之禁解除。李格非被重新启用，李清照也因此在两年的漫长等待后得以返回东京开封与赵明诚团聚。

然而，好景不长。公元 1107 年，被罢相的蔡京依靠着一群党

羽在徽宗面前的极力煽动得以复出。赵挺之随即被罢官，不久后
病逝。赵挺之病逝后三日，就被蔡京诬陷，赵明诚弟兄们也因此
被关进监狱；出狱后，其官职相继被罢免，赵家在京师的生活变
得极其困难。按照当时的礼制，赵明诚兄弟要为父亲守丧，再加
上在汴京生活困难，于是他们返回了青州老家。李清照自然随赵
氏一家同行，开始了屏居青州乡间的生活。

李清照

诗词全集

〔宋〕李清照

——著

台海出版社

目　录

词　集

诗　集

声声慢

寻寻觅觅，冷冷清清，凄凄惨惨戚戚。

乍暖还寒时候，最难将息。

三杯两盏淡酒，怎敌他、晚来风急？

雁过也，正伤心，却是旧时相识。

满地黄花堆积。憔悴损，如今有谁堪摘？

守着窗儿，独自怎生得黑？

梧桐更兼细雨，到黄昏、点点滴滴。

这次第，怎一个愁字了得。

评：

徐釚《词苑丛谈》：首句连下十四个叠字，真似大珠小珠落玉盘也。

如梦令

常记溪亭日暮，沉醉不知归路。

兴尽晚回舟，误入藕花深处。

争渡，争渡，惊起一滩鸥鹭。

如梦令

昨夜雨疏风骤，浓睡不消残酒。

试问卷帘人，却道海棠依旧。

知否，知否？应是绿肥红瘦。

武陵春

风住尘香花已尽，日晚倦梳头。

物是人非事事休，欲语泪先流。

闻说双溪春尚好，也拟泛轻舟。

只恐双溪舴艋舟，载不动许多愁。

评：

《唐宋词百首详释》：全词婉转哀啼，令人读来如见其人，如闻其声。本非悼亡，而实悼亡，妇人悼亡，此当为千古绝唱。

一剪梅

红藕香残玉簟①秋。

轻解罗裳，独上兰舟。

云中谁寄锦书来，

雁字回时，月满西楼。

花自飘零水自流。

一种相思，两处闲愁。

此情无计可消除，

才下眉头，却上心头。

注：

① 玉簟（diàn）：精美如玉的席子。

评：

伊世珍《琅嬛记》：易安结缡未久，明诚即负笈远游。易安殊不忍别，觅锦帕书《一剪梅》词以送之。

醉花阴

薄雾浓云愁永昼，瑞脑 ^① 销金兽 ^② 。

佳节又重阳，玉枕纱橱，半夜凉初透。

东篱把酒黄昏后，有暗香盈袖。

莫道不消魂，帘卷西风，人比黄花瘦。

注：

① 瑞脑：一种香料。

② 金兽：兽形铜香炉。

渔家傲

天接云涛连晓雾，星河欲渡千帆舞。

仿佛梦魂归帝所。闻天语，殷勤问我归何处。

我报路长嗟日暮，学诗谩有惊人句。

九万里风鹏正举。风休住，蓬舟吹取三山去。

评：

梁启超：此绝似苏辛派，不类《漱玉集》中语。

渔家傲

雪里已知春信至，寒梅点缀琼枝腻。

香脸半开娇旖旎。当庭际，玉人浴出新妆洗。

造化可能偏有意，故教明月玲珑地。

共赏金尊沉绿蚁[①]。莫辞醉，此花不与群花比。

注：

① 绿蚁：新酿的酒没有过滤时，上面浮有细小如蚂蚁的绿色泡沫。

清平乐

年年雪里，常插梅花醉。

挼尽梅花无好意，赢得满衣清泪。

今年海角天涯，萧萧两鬓生华。

看取晚来风势，故应难看梅花。

点绛唇

蹴^①罢秋千，起来慵整纤纤手。

露浓花瘦，薄汗轻衣透。

见客入来，袜刬^②金钗溜。

和羞走，倚门回首，却把青梅嗅。

注：

①蹴（cù）：踏。

②袜刬（chǎn）：穿袜行走。

点绛唇

寂寞深闺，柔肠一寸愁千缕。

惜春春去，几点催花雨。

倚遍阑干，只是无情绪。

人何处，连天衰草^①，望断归来路。

注：

①"衰草"也作"芳草""芳树"。

鹧鸪天

暗淡轻黄体性柔，情疏迹远只香留。
何须浅碧轻^①红色，自是花中第一流。

梅定妒，菊应羞，画阑开处冠中秋。
骚人可煞无情思，何事当年不见收。

注：
① "轻"一作"深"。

鹧鸪天

寒日萧萧上锁窗，梧桐应恨夜来霜。
酒阑更喜团茶^①苦，梦断偏宜瑞脑香。

秋已尽，日犹长，仲宣怀远更凄凉。
不如随分尊前醉，莫负东篱菊蕊黄。

注：
① 团茶：团片状之茶饼，饮用时则碾碎之。
宋代有龙团、凤团、小龙团等多种品种，比较名贵。

浣溪沙

小院闲窗春色深^①，重帘未卷影沉沉。
倚楼无语理瑶琴。

远岫出云催薄暮，细风吹雨弄轻阴。
梨花欲谢恐难禁。

注：

① "春色深"一作"春已深"。

浣溪沙

淡荡春光寒食天，玉炉沉水袅残烟，
梦回山枕隐花钿。

海燕未来人斗草，江梅已过柳生绵，
黄昏疏雨湿秋千。

评：

《谭评词辨》卷一：易安居士独此篇有唐调。
选家炉冶，遂标此奇。

浣溪沙

莫许杯深琥珀浓，未成沉醉意先融。

疏钟已应晚来风。

瑞脑香消魂梦断，辟寒金小髻鬟松。

醒时空对烛花红。

浣溪沙

髻子伤春慵^①更梳，晚风庭院落梅初。

淡云来往月疏疏。

玉鸭熏炉闲瑞脑，朱樱斗帐掩流苏。

通犀还解辟寒无。

注：

①"慵"一作"懒"。

浣溪沙

绣面①芙蓉一笑开，斜偎②宝鸭衬香腮。
眼波才动被人猜。

一面风情深有韵，半笺娇恨寄幽怀。
月移花影约重来。

注：

① "面"一作"幕"。

② "偎"一作"飞"。

摊破浣溪沙①

病起萧萧两鬓华，卧看残月上窗纱。
豆蔻连梢煎熟水，莫分茶。

枕上诗篇②闲处好，门前风景雨来佳。
终日向人多蕴藉，木樨花。

注：

① "摊破浣溪沙"为"浣溪沙"之别体，又
名"山花子"。

② "诗篇"也作"诗书""诗词"。

摊破浣溪沙

揉破黄金万点轻，剪成碧玉叶层层。

风度精神如彦辅，太鲜明。

梅蕊重重何俗甚，丁香千结苦粗生。

熏透① 愁人千里梦，却无情。

注：

① 熏透：即被桂花香熏醒。

忆秦娥

临高阁，乱山平野烟光薄。

烟光薄，栖鸦归后，暮天闻角。

断香残酒情怀恶，西风催衬梧桐落。

梧桐落，又还秋色，又还寂寞。

蝶恋花

泪湿罗衣脂粉满，四叠阳关，唱到千千遍。

人道山长水又断[①]，萧萧微雨闻孤馆。

惜别伤离方寸乱，忘了临行，酒盏深和浅。

好把音书凭过雁，东莱不似蓬莱远。

注：

① "水又断"一作"山又断"。

蝶恋花

暖雨晴风初破冻，柳眼梅腮，已觉春心动。

酒意诗情谁与共？泪融残粉花钿[①]重。

乍试夹衫金缕缝，山枕斜欹[②]，枕损钗头凤。

独抱浓愁无好梦，夜阑犹剪灯花弄。

注：

① 花钿（diàn）：用金翠珠宝等制成花朵的
首饰。

② 欹（qī）：靠着。

蝶恋花

永夜恹恹欢意少，空梦长安，认取长安道。

为报今年春色好，花光月影宜相照。

随意杯盘虽草草，酒美梅酸，恰称人怀抱。

醉里①插花花莫笑，可怜春似人将老。

注：

① "醉里"一作"醉莫"。

玉楼春

红酥肯放琼苞碎。探著南枝开遍未。不知酝藉几多香，但见包藏无限意。

道人憔悴春窗底。闷损阑干愁不倚。要来小酌便来休，未必明朝风不起。

永遇乐

　　落日熔金，暮云合璧，人在何处？染柳烟浓，吹梅笛怨，春意知几许？元宵佳节，融和天气，次第岂无风雨？来相召，香车宝马，谢他酒朋诗侣。

　　中州盛日，闺门多暇，记得偏重三五①。铺翠冠儿，捻金雪柳②，簇带争济楚。如今憔悴，风鬟霜鬓，怕见夜间出去。不如向，帘儿底下，听人笑语。

　　注：

　　① 三五：指元宵节。

　　② 捻金雪柳：元宵节女子头上的装饰。

南歌子

　　天上星河转，人间帘幕垂。凉生枕簟泪痕滋，起解罗衣聊问夜何其？

　　翠贴莲蓬小，金销藕叶稀。旧时天气旧时衣，只有情怀不似旧家时。

减字木兰花

卖花担上，买得一枝春欲放。泪染轻匀，犹带彤霞晓露痕。

怕郎猜道，奴面不如花面好。云鬓斜簪，徒要教郎比并看。

临江仙

欧阳公作《蝶恋花》，有"深深深几许"之句，予酷爱之。用其语作"庭院深深"数阕，其声即旧《临江仙》也。

庭院深深深几许？云窗雾阁春迟。为谁憔悴损芳姿？夜来清梦好，应是发南枝。

玉瘦檀轻无限恨，南楼羌管休吹。浓香吹尽有谁知？暖风迟日也，别到杏花肥。

临江仙

庭院深深深几许？云窗雾阁常扃[1]。柳梢梅萼渐分明。春归秣陵树，人老建康城[2]。

感月吟风多少事，如今老去无成。谁怜憔悴更凋零。试灯无意思，踏雪没心情[3]。

注：

① 扃（jiōng）：门环、门闩等。在此谓门窗关闭。

② "人老建康城"一作"人客建安城"。

③ "试灯无意思，踏雪没心情"一作"灯花空结蕊，离别共伤情"。

忆王孙[1]

湖上风来波浩渺，秋已暮、红稀香少。水光山色与人亲，说不尽、无穷好。

莲子已成荷叶老，清露洗、蘋花汀[2]草。眠沙鸥鹭不回头，似也恨、人归早。

注：

① 忆王孙，词牌名，又名怨王孙。

② 汀：水边平地。

凤凰台上忆吹箫

香冷金猊①，被翻红浪，起来慵自梳头。任宝奁尘满，日上帘钩。生怕离怀别苦，多少事、欲说还休。新来瘦，非干病酒，不是悲秋。

休休！这回去也，千万遍《阳关》，也则难留。念武陵人远，烟锁秦楼。惟有楼前流水，应念我、终日凝眸。凝眸处，从今又添，一段新愁。

注：

① 金猊：涂金的狮形香炉。

评：

陈廷焯《白雨斋词话》："新来瘦"三语，婉转曲折，煞是妙绝。

行香子

草际鸣蛩，惊落梧桐，正人间、天上愁浓。云阶月地，关锁千重。纵浮槎来，浮槎去，不相逢。

星桥鹊驾，经年才见，想离情、别恨难穷。牵牛织女，莫是离中。甚霎儿晴，霎儿雨，霎儿风。

诉衷情

　　夜来沉醉卸妆迟，梅萼^①插残枝。酒醒熏破春睡，梦远^②不成归。

　　人悄悄，月依依，翠帘垂。更挼残蕊，更捻余香，更得些时。

　　注：
　　①"梅萼"一作"梅蕊"。
　　②"梦远"一作"梦断"。

菩萨蛮

　　风柔日薄春犹早，夹衫乍着心情好。
　　睡起觉微寒，梅花鬓上残。

　　故乡何处是？忘了除非醉。
　　沉水卧时烧，香消酒未消。

菩萨蛮

归鸿声断残云碧。背窗雪落炉烟直。

烛底凤钗明。钗头人胜轻。

角声催晓漏。曙色回牛斗^①。

春意看花难。西风留旧寒。

注：

① 牛斗：两个星宿名，指牛宿和斗宿。

怨王孙

帝里^①春晚，重门深院。草绿阶前，暮天雁断。楼上远信谁传？恨绵绵。

多情自是多沾惹，难拚舍，又是寒食也。秋千巷陌人静，皎月初斜，浸梨花。

注：

① 帝里：指皇帝住的地方，也就是京城。这里指东京汴梁。

多丽

小楼寒，夜长帘幕低垂。恨萧萧、无情风雨，夜来揉损琼肌。也不似、贵妃醉脸，也不似、孙寿愁眉。韩令偷香，徐娘傅粉，莫将比拟未新奇。细看取、屈平陶令，风韵正相宜。微风起，清芬蕴藉，不减酴醾。

渐秋阑，雪清玉瘦，向人无限依依。似愁凝、汉皋①解佩，似泪洒、纨扇题诗②。朗月清风，浓烟暗雨，天教憔悴度芳姿。纵爱惜、不知从此，留得几多时？人情好，何须更忆，泽畔东篱。

注：

① 汉皋（gāo）解佩：指郑交甫于楚地汉皋台下遇二仙女解佩相赠的故事。

② 纨（wán）扇题诗：指班婕妤写《团扇歌》。

念奴娇

萧条庭院，又斜风细雨，重门须闭。宠柳娇花寒食近，种种恼人天气。险韵诗^①成，扶头酒醒，别是闲滋味。征鸿过尽，万千心事难寄。

楼上几日春寒，帘垂四面，玉阑干慵倚。被冷香消新梦觉，不许愁人不起。清露晨流，新桐初引，多少游春意。日高烟敛，更看今日晴未。

注：

① 险韵诗：以冷僻难押的字做韵脚的诗。

评：

黄昇《唐宋诸贤绝妙词选》：前辈尝称易安"绿肥红瘦"为佳句，余谓此篇"宠柳娇花"之语，亦甚俊奇，前此未有能道之者。

孤雁儿①

世人作梅词，下笔便俗。予试作一篇，乃知前言不妄耳。

藤床纸帐朝眠起，说不尽、无佳思。沉香断续玉炉寒，伴我情怀如水。笛声三弄，梅心惊破，多少春情意。

小风疏雨萧萧地，又催下、千行泪。吹箫人去玉楼空，肠断与谁同倚。一枝折得，人间天上，没个人堪寄。

注：
① 孤雁儿，词牌名，又名御街行。

浪淘沙

帘外五更风，吹梦无踪。画楼重上与谁同？记得玉钗斜拨火，宝篆成空。

回首紫金峰，雨润烟浓。一江春浪醉醒中。留得罗襟前日泪，弹与征鸿。

满庭芳

小阁藏春，闲窗锁昼，画堂无限深幽。篆香①烧尽，日影下帘钩。手种江梅渐好，又何必、临水登楼。无人到，寂寥浑似，何逊在扬州。

从来，知韵胜，难堪雨藉，不耐风揉。更谁家横笛，吹动浓愁。莫恨香消雪减，须信道、扫迹情留。难言处，良宵淡月，疏影尚风流。

注：

① 篆香：对盘香的喻称。

转调满庭芳

芳草池塘，绿阴庭院，晚晴寒透窗纱。玉钩金锁，管是客来咿。寂寞尊前席上，惟愁海角天涯。能留否？酴醾落尽，犹赖有梨花。

当年曾胜赏，生香熏袖，活火分茶。极目犹龙骄马，流水轻车。不怕风狂雨骤，恰才称、煮酒残花。如今也，不成怀抱，得似旧时那。

好事近

风定落花深，帘外拥红堆雪。

长记海棠开后，正伤春时节。

酒阑歌罢玉尊空，青缸暗明灭。

魂梦不堪幽怨，更一声鹧鸪。

小重山

春到长门^① 春草青，江梅些子破，未开匀。

碧云笼碾玉成尘，留晓梦，惊破一瓯春。

花影压重门，疏帘铺淡月，好黄昏。

二年三度负东君，归来也，著意过今春。

注：

① 长门：长门宫，汉代宫名。汉武帝的陈
皇后因妒失宠，打入长门宫。这里以"长门"意
指女主人公冷寂孤独的住所。

新荷叶

薄露初零，长宵共、永昼分停。绕水楼台，高耸万丈蓬瀛。芝兰为寿，相辉映、簪笏盈庭。花柔玉净，捧觞别有娉婷。

鹤瘦松青，精神与、秋月争明。德行文章，素驰日下声名。东山高蹈，虽卿相、不足为荣。安石须起，要苏天下苍生。

长寿乐

微寒应候。望日边六叶，阶蓂初秀。爱景欲挂扶桑，漏残银箭，杓回摇斗。庆高闳此际，掌上一颗明珠剖。有令容淑质，归逢佳偶。到如今，昼锦满堂贵胄。

荣耀，文步紫禁，一一金章绿绶。更值棠棣连阴，虎符熊轼，夹河分守。况青云咫尺，朝暮重入承明后。看彩衣争献，兰羞玉酎。祝千龄，借指松椿比寿。

庆清朝

禁幄低张，彤阑①巧护，就中独占残春。容华淡伫，绰约俱见天真。待得群花过后，一番风露晓妆新。妖娆艳态，妒风笑月，长殢东君。

东城边，南陌上，正日烘池馆，竞走香轮。绮筵②散日，谁人可继芳尘。更好明光宫殿，几枝先近日边匀。金尊倒，拚了尽烛，不管黄昏。

注：

① 彤阑：红色的栏杆。

② 绮筵：豪华而丰盛的酒席。

殢人娇

玉瘦香浓，檀深雪散。今年恨、探梅又晚。江楼楚馆，云闲水远。清昼永，凭阑翠帘低卷。

坐上客来，尊前酒满。歌声共、水流云断。南枝①可插，更须频剪。莫直待、西楼②数声羌管。

注：

① 南枝：向阳梅枝，最先发花。

② 西楼：指思妇住处。

026

夏日绝句

生当作人杰，死亦为鬼雄。

至今思项羽，不肯过江东。

题八咏楼

千古风流八咏楼，江山留与后人愁。

水通南国三千里，气压江城十四州。

春残

春残何事苦思乡，病里梳头恨最长。

梁燕语多终日在，蔷薇风细一帘香。

偶成

十五年前花月底，相从曾赋赏花诗。

今看花月浑相似，安得情怀似往时。

夜发严滩

巨舰只缘因利往，扁舟亦是为名来。

往来有愧先生德，特地通宵过钓台。

咏史

两汉本继绍，新室台赘疣。

所以嵇中散，至死薄殷周。

分得知字

学诗三十年，缄口不求知。

谁遣好奇士，相逢说项斯。

题砚诗

片石幽闺共谁语，输磨盾鼻是男儿。

梦回已弄生花管，肯蘸青烟只扫眉。

简 介

本书以《漱玉词》《乐府雅词》等经典古书为底本，收录了实证为李清照所撰写的49首词和8首诗，除存疑词和《上枢密韩公、工部尚书胡公》等几首长诗外，精华尽已收入，亦可称为诗词全集。

她的诗词，充满人间的美好与真情，又充满悲怆，既有男人的气度与洒脱，又有女人的温婉凄美，堪称诗词中的不朽经典！

她也是全世界诗人的荣耀！

沉醉不知归路。

兴尽晚回舟，

误入藕花深处。

争渡，争渡，

惊起一滩鸥鹭。

昨夜雨疏风骤，

浓睡不消残酒。

应是绿肥红瘦。

知否，知否？

却道海棠依旧。

试问卷帘人，

《如梦令》

庭院深深几许？

云窗雾阁春迟。

《夏日绝句》

人比黄花瘦。

萧条庭院，又斜

为谁憔悴损芳姿？

《忆王孙》

帘卷西风，

《临江仙》

道不消魂，

有暗香盈袖。

把酒黄昏后，

《声声慢》

夜来清梦好，应是发南枝。

一种相思，两处闲愁。

《醉花阴》

归去来兮 >>>

屏居青州乡间之后，李清照将他们夫妻二人的书房命名为"归来堂"，并自号"易安居士"。归来堂位于青州羊溪湖畔，这里的湖水清澈、碧绿，在阳光的照射下熠熠生辉。春天，湖岸边，垂柳依依。夏日，一阵暖风吹过，大片荷叶层层叠叠，就像一把把翠绿的伞。湖上还有一个精美的桥亭，从亭上朝西南望去，看到郁郁苍苍的青州仰天山。门前，上天下光，一碧万顷；远处，山色空蒙，青黛含翠，是一个饱含着静与美的地方。

"归来堂"取意于陶渊明《归去来兮辞》。《归去来兮辞》中有"倚南窗以寄傲，审容膝之易安"句，表达的是淡泊明志、宁静致

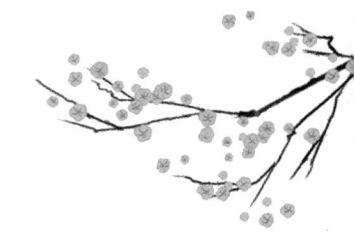

第三章

幸福的青州岁月

　　"余性偶强记,每饭罢,坐归来堂,烹茶,指堆积书史,言某事在某书某卷第几页第几行,以中否角胜负,为饮茶先后。中,即举杯大笑,至茶倾覆怀中,反不得饮而起,甘心老是乡矣!故虽处忧患困穷,而志不屈。"在青州生活的幸福,谁能比李清照更有发言权呢?难怪连清代第一词人纳兰容若也对此心生向往,叹曰:"赌书消得泼茶香,当时只道是寻常。"

远的志趣，"易安居士"的称号取的就是这一句中的雅意。陶渊明确实为中国文人树立了一个精神标杆，苏东坡说"渊明是吾师"，在其身上找到了淡定与从容，李清照夫妇同样如此。

根据后面学者的考证，李清照"归来"青州后所作的第一首词是下面这首《多丽·咏白菊》。

小楼寒，夜长帘幕低垂。恨萧萧、无情风雨，夜来揉损琼肌。也不似、贵妃醉脸，也不似、孙寿愁眉。韩令偷香，徐娘傅粉，莫将比拟未新奇。细看取、屈平陶令，风韵正相宜。微风起，清芬蕴藉，不减酴醾。

渐秋阑，雪清玉瘦，向人无限依依。似愁凝、汉皋解佩，似泪洒、纨扇题诗。朗月清风，浓烟暗雨，天教憔悴度芳姿。纵爱惜、不知从此，留得几多时？人情好，何须更忆，泽畔东篱。

细心的读者不难发现，这首词的风格与李清照的其他作品有一个明显的不同，那就是用了很多典故。众所周知，在词作中用好典故是很难的，不仅有掉书袋之嫌，容易造成呆板的感觉；用得不好，还会破坏整首词的意境，但李清照这首词中的典故却用

得极好。正如清代著名词评家况周颐在《珠花簃词话》中所说："前段用贵妃、孙寿、韩橼、徐娘、屈平、陶令若干人物，后段雪清玉瘦、汉皋纨扇、朗月清风、浓烟暗雨许多字面，却不嫌堆垛，赖有清气流行耳。"正是因为全词有一股清新脱俗之气，所以对典故的运用并不让人觉得艰涩、烦琐，更不会有垒砌之感。

　　这首词的上阕借人物来吟咏白菊的高洁品质。起笔写楼寒、夜长，衬托出深寒寂寥的氛围。接着直接抒情，"无情风雨""揉损琼肌"，写出了白菊恶劣的生存环境，表现了词人的爱憎，也点明了"咏白菊"的题旨。然后用典故，通过一系列历史人物反衬白菊卓尔不群、不甘随俗的傲岸品格。

　　词的下阕写怜菊，采用拟人、移情的文学手法，将白菊的情态和精神描绘得淋漓尽致。起句的"渐"字表明时间的推移，"雪清玉瘦"呼应上阕"揉损琼肌"，点明白菊在风雨中顽强自立的神态。这里词人没有写对白菊将谢的依恋，反而用拟人手法说白菊"愁凝""泪洒"，怜菊之情更加动人心扉。"汉皋解佩"出自《列仙传》，"纨扇题诗"是用东汉班婕妤的典故自喻。这两个典故讲的都是得而复失、爱而遭弃的悲哀与失落。接下来写的是人与菊都以坦然的态度来接受命运的愁苦，将其融入朗月清风、浓烟暗雨之中，以旷达之语表达了轻蔑卑俗、不愿随俗沉浮的高洁志趣。

读李清照这首词作，要结合词人当时的处境。上文我们讲过，因为新旧党争，李清照的父亲李格非被罢官，赵明诚的父亲赵挺之在罢相后不久也去世了，赵明诚、李清照夫妇遭遇双重打击。对家庭成员的遭遇，李清照自然是有不忿之情的。词中"无情风雨，夜来揉损琼肌"，应该是暗喻新旧党争对赵家和李家的打击；写白菊"不似贵妃""不似孙寿""韩令偷香""徐娘傅粉"等，则喻指不取媚于当时得势的蔡京等权贵；"屈平陶令"，指的是屈原和陶渊明，这两人都曾被迫远离朝堂，与赵明诚一家的际遇相似，尤其是李清照还为书房起名"归来堂"，更容易引起联想。

在政治上虽然心有不忿之情，但对于退隐乡间的生活，李清照更多的心情还是欢喜和如释重负的。没有了官场名利的左右和对家人的担心，她和赵明诚能够全身心地投入美好的生活和心爱的事业中去。在青州，这对夫妻主要的事业是搜集整理金石书画。据李清照的《金石录后序》记载，为了访求金石书画，他们"食去重肉，衣去重采。首无明珠翡翠之饰，室无涂金，刺绣之具。"他们夫妻都是重精神超过物质的人，物质条件可以尽量减到最少，精神世界却不能贫乏。当然，他们夫妻基本的物质生活还是有保障的，按李清照自己的话说就是"屏居乡里十年，仰取俯给，衣食有余"。也就是说，他们屏居青州期间，一直是有收入的，既不需要像苏东坡一样亲自种地，更不会像陶渊明那样去上门乞食。随着收藏的金石书画越来越多，为了方便保存和研究，夫妻二人还专门请人做了几个大书橱，然后把历年来收藏的金石书画，分门别类，按甲乙丙丁编好次序，写好标签，放入书橱中。如此一来，如果想要欣赏和研究，很快就可以找到。

在青州，这对夫妻的日子过得忙碌，却也充实。从公元1108年到1121年，赵明诚曾五游仰天山，四访灵岩寺，两登泰山，遍搜金石文物。"每获一书，即同共勘校，整集签题。得书、画、彝、鼎，亦摩玩舒卷，指摘疵病，夜尽一烛为率。"对于金石文物，夫妻两人是共同沉迷其中，白天时间不够，晚上就会焚烛一支，在室内勘校研究，旁边有茶香缕缕。此种乐趣，正如李清照在《金石录后序》中所说，远在"声色犬马之上"，夫妻生活的充实与怡然，已跃然于字里行间。宋徽宗政和四年（公元1114年）秋，赵明诚为《易安居士画像》题字："易安居士三十一岁之照。清丽其词，端庄其品，归去来兮，真堪偕隐。"从这份题字中，也可以看出二人在青州生活的自足与乐趣。

有一次，赵明诚得到观赏唐代大诗人白居易手书的《楞严经》的机会。对古代字画痴迷成癖的赵明诚心中狂喜，骑马急驰，返回青州归来堂，拿与李清照共同欣赏。两人一边品着香茗，一边观赏讨论，蜡烛燃尽了两根，都依然兴致盎然，不愿入睡。由此可见，李清照与赵明诚始终是志趣相投、相互推重的。

在李清照的帮助下，赵明诚完成了《金石录》的初步写作。这是一部继欧阳修《集古录》之后，规模更加庞大、更有价值的研究金石之学的专著。《金石录》中所藏金石拓本，上起夏商周三代，下及隋唐五代北宋，共两千多种，是研究古代金石文化必读的著作。

最美的时光 >>>

　　在青州这段时间，李清照和赵明诚不仅有着共同心爱的事业，在生活上也是极为幸福和美好的，堪称两人一生中最美的时光。

　　闲暇之时，夫妻二人会玩一些锻炼大脑的智力游戏。他们会泡好香茗，一个人随意说出某个典故，另一个人猜它出自哪本书的第几卷、第几页、第几行。猜中的一方可以饮茶，没有猜中就不能饮。不过，在这样的比赛中，赢的人大多数时候都是李清照。当赵明诚抽书查证李清照的答案是否正确时，李清照总是自信满满地举杯在手，看着丈夫吃瘪的样子，开怀大笑，结果，不小心就会将茶水打翻。对于妻子的"失礼"之举，深有君子之风的赵明诚并不气恼，反倒更加珍爱这位才华出众的妻子。

这种赌书泼茶，不仅仅是他们夫妻的一种生活娱乐方式，也是一种精神与情怀，一种在纷杂尘世中的诗意栖居，一种挣脱名利枷锁的理想国。因此，也才能成为后来众多文人雅士的心中所好。其中，清代第一词人纳兰容若更是将这个场面写进了自己的词里。

谁念西风独自凉，萧萧黄叶闭疏窗，沉思往事立残阳。

被酒莫惊春睡重，赌书消得泼茶香，当时只道是寻常。

——《浣溪沙·谁念西风独自凉》

"当时只道是寻常"，身处其中之人，往往不知道自己现在所拥有的就是人生最幸福的时刻；只道寻常时光而已，从不刻意珍惜，直到时过境迁之后，蓦然回首，才感受到不可复得的悔痛。

不过，这种悔痛，李清照应该是没有的。她深深地懂得，这就是自己想要的生活，所以倍加珍惜，也倾情投入，直到老年，依然说自己"甘心老是乡矣"。

李清照的这种幸福与美好在词作《丑奴儿·晚来一阵风兼雨》中也有栩栩如生的体现。

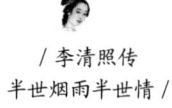

晚来一阵风兼雨，洗尽炎光。理罢笙簧，却对菱花淡淡妆。

绛绡缕薄冰肌莹，雪腻酥香。笑语檀郎：今夜纱厨枕簟凉。

　　这首词作描述的是夫妻晚上休憩前的一个场景，通过对女主人公娇媚之态的细致描写，营造了一个甜蜜乃至香艳的氛围。

　　某个夏夜，一阵风雨将白天的炎热涤荡一尽，天气难得的凉快。词人饱含柔情蜜意，通过弹琴向丈夫示爱，不过丈夫此时却有些不解风情。于是，词人便开始对着菱花镜子细细描眉、轻轻点唇，之后又上了一点薄薄的晚妆。尽管只是淡妆素抹，但依然艳光四射，十分具有诱惑力。"绛绡缕薄冰肌莹，雪腻酥香"，粉红色的丝质衣服使雪白的肌肤若隐若现，身体散发着一阵阵幽香，再加上一句"笑语檀郎：今夜纱厨枕簟凉"，将词人急于求爱的迫切心理描写得淋漓尽致。通过一笑一语，将闺阁中香艳的场面又向上提升了一个层次。能将这种生活场景直接在词作中予以描写，可见词人之真心真情，亦可见二人的婚姻生活的确是幸福和美好的。

　　在青州，李清照似乎明白了什么才是人生的真谛，每天过着与世无争、书香环绕的生活。夫妻二人或者相伴赏花、读书、作词，或者一起到附近的山水名胜中游玩，又或者只是在闹市中走走停停，悠然地过着只羡鸳鸯不羡仙的生活。

下面这首经典的咏花之作也是作于这一时期。

暗淡轻黄体性柔，情疏迹远只香留。何须浅碧轻红色，自是花中第一流。

梅定妒，菊应羞，画阑开处冠中秋。骚人可煞无情思，何事当年不见收。

——《鹧鸪天·暗淡轻黄体性柔》

这首词上阕首两句是咏物，描写桂花的别致风韵。桂花相较于其他花，颜色上"暗淡轻黄"，毫无妖丽之处，较为逊色。桂花的名声也很一般，"情疏迹远"，并不像牡丹、菊花、梅花那样得到人们的喜爱，也少有人写诗词赞美它，但是却胜在体性温柔，始终给天地一份香气。

"何须浅碧轻红色，自是花中第一流"，从这两句起直到结尾，词人通过三层议论来解读桂花，这两句是第一层议论。一般而言，花都是以红为美的。但词人却认为，外在美远不如内在美，"何须"二字，将各种名花一笔抛开，突出了桂花的色淡香浓、迹远品高，

认为它是"花中第一流"。下阕头三句是议论的第二层。梅花有艳丽的外在美和高洁的内在美。菊花更是君子的象征，同样兼具内外之美。但在词人眼里，这两种名花面对桂花，都会产生自叹不如的感觉，甚至有羞愧和妒忌的心理。经过这样的鲜明对比，桂花的"第一流"位置更加稳固。"骚人可煞无情思，何事当年不见收"，这是第三层议论。"骚人"这里特指屈原，在代表作《离骚》中，屈原用赞美的语气列举了各种各样的香草名花，指出君子应以这些名花为榜样修身养德，但是，唯独没有提到桂花。所以，词人抱怨他"可煞无情思"。屈原的人品和才德，为历代文人所共同敬仰，词人自身也不例外。这里对这位先贤的抱怨，虽稍有任性，却更突出了词人对桂花的珍视。通过这三层议论，词人形象地表达了对桂花的由衷赞美。桂花貌不出众，却以怡人的香气、疏淡的情怀让人爱慕不已，这正是词人自身品格的写照。

李清照在青州的生活也有美中不足，那就是赵明诚会经常外出寻访金石文物。赵明诚在家时，夫妻两人无论是讨论金石文化、作诗作词，还是赌书泼茶，总是充满情趣的；而他一出门，剩下李清照孤零零一人，就难免会产生忧愁与相思，然后述之于笔端，如下面这首词。

萧条庭院，又斜风细雨，重门须闭。宠柳娇花寒食近，种种恼人天气。险韵诗成，扶头酒醒，别是闲滋味。征鸿过尽，万千心事难寄。

楼上几日春寒，帘垂四面，玉阑干慵倚。被冷香消新梦觉，不许愁人不起。清露晨流，新桐初引，多少游春意。日高烟敛，更看今日晴未。

——《念奴娇·萧条庭院》

公元1118年初春的某　天，赵明诚游览距青州约一百七十里的名刹灵严寺。夫君远去，李清照顿感深闺寂寞，却又无可奈何，心中烦闷难以纾解，于是在饱含思夫之情时创作了这首《念奴娇·萧条庭院》。

这首词上阕开头三句描写的是环境和气候。之后用"宠""娇"来修饰"柳""花"，明显地表达出妒春之意，体现的是丈夫离去后词人独守深闺的烦闷心情。接着词人写自己写诗填词醉酒，但心中的忧愁依然无法排解，反而有愁更愁之意。"征鸿过尽，万千心事难寄"，这一句直接指出自己愁闷是因为思念远行的丈夫，"万千心事"却无法捎寄。

下阕开头三句描写的是词人懒倚栏杆的愁闷情态，又写出她独守深闺的种种感觉。"不许愁人不起"，写出词人已经无法在这种生活中找到乐趣。"清露"两句则转而写新春的可爱，因之产生出外游春的心思。结尾两句最为佳妙：天色已放晴，词人却担心是否真晴，那种心有余悸的感觉，将词人内心的愁闷之情表现得极为凄迷。

此时，李清照和赵明诚的分别是暂时性的，是小别。这尽管也给李清照带来了忧愁，但短则两三日，长则一月左右，很快就可见面，这种忧愁很快就会烟消云散，还会有一种小别胜新婚的快乐之感。所以，我们不难看出，上面这两首词的终句处都还是有一种期盼之情的。

"别是一家"著《词论》>>>

在青州的岁月，不仅是李清照最幸福的一段时光，也是其诗词创作的黄金时期，她的词学理论著作《词论》也是在这 时期创作完成的。

词论的写作，缘于晁补之的《评本朝乐章》一文。在这篇文章中，晁补之对柳永、欧阳修、苏轼、黄庭坚、晏殊、张先和秦观这七位北宋词人进行了评鉴。作为"苏门四学士"之一的晁补之，词学思想上自然有继承苏轼的一面。不过，苏门的学风和文风都是主张发扬个性，谁都可以表达自己的想法，不必完全相同。因此，晁补之对这七位词人及其作品的评价相对比较客观，也比较全面，

对词体的发展大有益处。在李清照屏居青州的最初几年，晁补之为守母丧闲居缗城（今山东金乡），他们二人是忘年之交，两地相距又不远，故多有往还。大约就是在这一时期，李清照认真研读了晁补的《评本朝乐章》，并产生了创作热情，于是，就有了这篇和她的诗词一样被后人誉为"压倒须眉"的词学论著。

《词论》虽然只有区区五百多字，但所包含的内容却极为丰富。在《词论》中，李清照从词的诞生说起，回顾唐代以来词的发展脉络，并对北宋重要词人进行精彩的品评，表达了自己对词的看法，得出词"别是一家"的独到结论，指出了词的文学地位。

《词论》文字不长，为了便于分析，兹引如下：

乐府声诗并著，最盛于唐。开元、天宝间，有李八郎者，能歌擅天下。时新及第进士开宴曲江，榜中一名士，先召李，使易服隐姓名，衣冠故敝，精神惨沮，与同之宴所。曰："表弟愿与坐末。"众皆不顾。既酒行乐作，歌者进，时曹元谦、念奴为冠，歌罢，众皆咨嗟称赏。名士忽指李曰："请表弟歌。"众皆哂，或有怒者。及转喉发声，歌一曲，众皆泣下。罗拜曰：此李八郎也。"自后郑、卫之声日炽，流靡之变日烦。已有《菩萨蛮》《春光好》《莎鸡子》

《更漏子》《浣溪沙》《梦江南》《渔父》等词，不可遍举。

五代干戈，四海瓜分豆剖，斯文道熄。独江南李氏君臣尚文雅，故有"小楼吹彻玉笙寒""吹皱一池春水"之词。语虽甚奇，所谓"亡国之音哀以思"也。

逮至本朝，礼乐文武大备。又涵养百余年，始有柳屯田永者，变旧声作新声，出《乐章集》，大得声称于世；虽协音律，而词语尘下。又有张子野、宋子京兄弟，沈唐、元绛、晁次膺辈继出，虽时时有妙语，而破碎何足名家！至晏元献、欧阳永叔、苏子瞻，学际天人，作为小歌词，直如酌蠡水于大海，然皆句读不茸之诗尔，又往往不协音律，何耶？盖诗文分平侧，而歌词分五音，又分五声，又分六律，又分清浊轻重。且如近世所谓《声声慢》《雨中花》《喜迁莺》，既押平声韵，又押入声韵；《玉楼春》本押平声韵，有押去声，又押入声。本押仄声韵，如押上声则协；如押入声，则不可歌矣。

王介甫、曾子固，文章似西汉，若作一小歌词，则人必绝倒，不可读也。乃知词别是一家，知之者少。

后晏叔原、贺方回、秦少游、黄鲁直出，始能知之。又晏苦无铺叙。贺苦少重典。秦即专主情致，而少故实，譬如贫家美女，

/ 李清照传
半世烟雨半世情 /

虽极妍丽丰逸，而终乏富贵态。黄即尚故实而多疵病，譬如良玉有瑕，价自减半矣。

　　《词论》开篇以李八郎擅歌的故事入手。一名叫李八郎的优秀男歌伶乔装打扮，被带着参加进士及第的宴会。这位男歌伶故意穿着破败的衣衫，表露出沮丧的神情，在满场名人雅士中，显得十分落魄。带他进来的进士称他是自己的表弟，将他安排于末位，这符合他的身份，众人也都瞧不起他。随后，女歌伶们纷纷上台表演歌艺，赢得阵阵喝彩。当那位进士说他的表弟也想上台献歌一曲时，众人纷纷嘲笑甚至有些生气。可李八郎精彩的歌艺却技惊四座，宾客们为他的才华所折服，也认出了他就是李八郎。

　　一位男歌伶战胜了一群女歌伶，卑微之人卸下伪装后终获荣耀。李清照将这个故事用在《词论》的开篇，除了描写词诞生时的情况，另外还有一层更深的意义。唐时，歌伶大多为女性，男性也有，只是非常少见。相应地，李清照作为女词人，在男性占绝对主导地位的古代文学世界，也是少见的闯入者。男歌伶凭借才华消除了世人对性别的偏见，那女词人为什么不能呢？这正是李清照通过这个故事所要表达的内涵，充分显示了其在文学上的自信，也为接下来的词论开了一个好头。

《词论》首先是论晚唐词。李清照论词，首重声律，因此，她评晚唐词"郑、卫之声日炽，流靡之变日烦"。这两句话概述的是花间派词风。花间派之词，大多辞藻华艳，虽有较高的艺术成就，但却缺乏思想深度。

其次是论五代词。李清照说："五代干戈，四海瓜分豆剖，斯文道息。"梁、唐、晋、汉、周这五个朝代，政治混乱，社会动荡，民生疲敝，文学自然也得不到足够的成长养分。这一时期的词作与北宋词的鼎盛之势相比，可谓云泥之别，因此李清照用"斯文道息"来形容，的确十分恰当。

再次是论南唐李氏君臣词。李清照赞赏南唐二主及大臣冯延巳的词，说："独江南李氏君臣尚文雅，故有'小楼吹彻玉笙寒''吹皱一池春水'之词。"只是这些词虽然"甚奇"，却都是亡国之音。

最后是论北宋各大词人。李清照论柳永词的内容相当传统，和很多人对柳永的看法一样，对柳永用通俗的市井语言写词表示不满。接着论张子野、宋子京兄弟、沈唐、元绛、晁次膺等六人词，也没太多发挥，毕竟这些人在词史上只是小人物。当论到晏殊、欧阳修、苏轼时，情况就不同了，这些人都是北宋士大夫阶层的

领袖，是身为学者、文人与高级官员的超一流人物，李清照借此充分表达自己对词的看法，在评价他们的词作时，提出了极具创意的见解。她称赞这三人学识渊博，贯通了天然和人力，作词就像是从大海中舀取一勺水那样，取之不尽、用之不竭，随心所欲而雍容典雅，在"运用才学"上占有优势。但同时也指出他们"以诗为词""以文为词"的缺点，因为词律较严而诗律较宽，用诗的音律填词，自然就容易成为"句读不葺之诗"。

接着，李清照阐述了词的韵律特征，随后又回到对北宋著名词人的评论。这次评论的对象是王安石、曾巩的词，这两人同属"唐宋八大家"，是著名的古文家，尤其擅长摹写西汉文章。然而，李清照对此却讽刺道："若作一小歌词，则人必绝倒，不可读也。"在李清照看来，作词与其他文学创作并无必然联系，相反，写文章越好，作词越容易遇到障碍，倘若贸然尝试，往往惹人发笑。由此，她总结道，词"别是一家，知之者少"。

李清照最后论的是晏几道、贺铸、秦观、黄庭坚的词。对于这四家词，李清照有明显的赞扬之意，说四人"能知词"，又具体说秦词"主情致"、黄词"尚故实"，均是赞美之词。不过，因为这些词人也都有各自明显的短处，如晏几道的词不够含蓄，缺乏必要的渲染；贺铸的词缺少典据，略失厚重感；黄庭坚的词多"疵病"。这些短处就如同良玉上有了瑕疵，不免就掉了身价。

通读全文，不难发现，作为封建男权文坛的女性，李清照并不盲从前人，也不畏惧权威，稍假颜色；而是以犀利的言语逐一批评各大词界名家的不足，就连父亲李格非的老师苏轼也没有幸免，展示了她宽阔的视角和过人的胆识。

不过，李清照以女性和词坛晚辈的身份，对这些词坛名家逐一品评，且基本以否定为主，锋芒过露，自然容易引起别人的非议。南宋胡仔就斥责说："易安历评诸公歌词，皆摘其短，无一免者，此论未公，吾不凭也。其意盖自谓能擅其长，以乐府名家者。退之诗云：'不知群儿愚，那用故谤伤。蚍蜉撼大树，可笑不自量。'正为此辈发也。"言辞之间，对李清照《词论》中对北宋诸词家的批评很是不以为然。

清代裴畅也对《词论》持否定看法，冯金伯在《词苑萃编》中引他的话说"易安自恃其才，藐视一切，语本不足存。第以一妇人能开此大口，其妄也不待言，其狂亦不可及也"。言辞较胡仔更加偏激，且带有十分明显的性别歧视，但也反衬出了李清照与众不同的胆识。

直至近代,也有学者认为《词论》"对宋词发展有阻碍作用","不能欣赏别人,不能容纳别人","是有局限的、保守的、不合潮流的"。

当然,也有肯定者强调《词论》"充分尊重了词的音乐特点,促进了后来词人对词独特抒情方式的规范概括"。

这些正反两方面的评价,需要辩证地分析。何况,即便《词论》中对各词家的评论有失公允,但我们也不能脱离其产生的时代背景来指责李清照。李清照敢于站出来,表达自己词作上的观点,有其独到之处,并对后世词作的发展和创新产生了积极影响,这与李清照一代词宗的身份是匹配的。

莱州风波 >>>

　　虽然偶有小别，但在青州最初的十年，李清照和赵明诚还是
过着神仙眷侣般的生活。然而，人生不如意之事十常八九。在这
十年中，北宋的政治格局又发生变化，蔡京等权臣相继被驱逐出
政治舞台。从宋徽宗政和二年（公元 1112 年）开始，赵明诚的两
位兄长又重新走上了仕途。另一方面，随着《金石录》的初步完成，
赵明诚的心境也发生了不小的变化，他觉得在个人兴趣上，自己
已经做到了极致，也该到了在政治上有所作为的时候了，毕竟这
是当时的主流价值观。而且，赵明诚认为自己也有这方面的能力，
尤其是两个兄长的重新出仕，更是刺激了他的这种心理。宋徽宗

宣和元年（公元 1119 年），赵明诚离开了青州，来到汴京，开始
为重新踏上仕途奔波游走。这显然是一条不归路，走上这条路的人，
有的身不由己，有的初心不再。留下的只有闺中之人，望着他们
远去的背影，独自垂泣。

在赵明诚到汴京为重新进入仕途奔波游走的日子里，独自留
在青州的李清照心境是很复杂的，她喜欢青州乡间淳朴自然的生
活，也希望与丈夫"终老是乡"，可是，她又不可能出于自己的原
因去阻碍丈夫的政治前途。所以，这一时期，她的内心并没有为
丈夫的"上进"而欣喜，而是独自品尝着另一种滋味，下面这首
词作就隐隐地显露出她内心的孤独与落寞。

暖雨晴风初破冻，柳眼梅腮，已觉春心动。酒意诗情谁与共？
泪融残粉花钿重。

乍试夹衫金缕缝，山枕斜欹，枕损钗头凤。独抱浓愁无好梦，
夜阑犹剪灯花弄。

——《蝶恋花·暖雨晴风初破冻》

这首词上阕描写的是初春的迷人景色以及由此引发的相思之

情，委婉细腻地刻画了词人孤寂苦闷的心态。词的下阕通过描写试夹衫、歆山枕、抱浓愁、剪灯芯、弄灯花这一连串的生活细节，曲折生动地刻画了词人独处深闺，孤枕难眠，相思心切的形象。整首词笔触细腻，委婉动人，词中的"酒意诗情谁与共"是点睛之笔，也是向来为后世所称道的名句。

宋徽宗宣和三年（公元 1121 年）春，或许是家族上下奔走的缘故，或许是因为《金石录》成书后名气大增，总之，赵明诚重新被朝廷启用，被任命为莱州知州。在赵明诚到汴京奔波游走时，李清照没有感到多高兴，就是在丈夫得到莱州知州这个重任时，李清照也没有表现出像丈夫那样的喜悦之情，甚至心怀忧愁，并在词作中有所表达。

香冷金猊，被翻红浪，起来慵自梳头。任宝奁尘满，日上帘钩。生怕离怀别苦，多少事、欲说还休。新来瘦，非干病酒，不是悲秋。

休休，这回去也，千万遍《阳关》，也则难留。念武陵人远，烟锁秦楼。惟有楼前流水，应念我、终日凝眸。凝眸处，从今又添，一段新愁。

——《凤凰台上忆吹箫·香冷金猊》

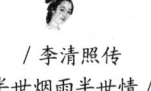
　　这首词的上阕一开始写了五件事：香炉冷却、被子翻开、头发不梳、匣子尘满、日头已高，这都是写人的"懒"，用这种"懒"铺垫、渲染，道出词人的心情："生怕离怀别苦，多少事、欲说还休。"词人本来是有很多心事想说给丈夫听的，但话到嘴边却咽了回去。词情到这里又多了一层波折，词人的愁苦也加重了一层。为什么又咽了回去呢？是因为词人担心将这些事情告诉丈夫只会给他徒增烦恼，她宁可自己心里苦，也不愿丈夫心烦，真可谓情深义重。事实上，词人的这种愁苦以及越来越瘦的原因，非是病中饮酒，也不是悲秋所致，而是伤离惜别这种不足与旁人道的缘由。

　　词的下阕用"休休"二字开头，"休"即算了、罢了的意思，这是李清照擅长的叠字手法，以此加强语气，暗示因为留不住丈夫而产生的失望之情。"这回去也，千万遍《阳关》，也则难留。"《阳关》指《阳关三叠》这首唐宋时期著名的送别曲。这次他的离开，即使自己唱上一万遍《阳关三叠》的离别曲，也无法挽留。既充分表现了词人对丈夫的依依不舍的留恋之情，也表达了词人内心的无奈与苦闷。"念武陵人远，烟锁秦楼"，这里通过两个典故来传达词人丰富的感情。"武陵人"是指陶渊明《桃花源记》中的以"捕鱼为业"的武陵人，"秦楼"即凤台，是秦穆公女儿弄玉与仙人萧史飞升前所住的地方。桃花源对武陵人有莫大的吸引力，成仙也对齐王诱惑无穷，词人用这两个典故，不仅是表现离愁，也是担心丈夫产生"不思归"的心理，暗示了词人在感情上的担忧。所以，词人最后写道："凝眸处，从今又添，一段新愁。"旧愁未去，新愁又来，这样的结尾，不但表现了词人愁之多，愁之深，也给读者以巨大的想象空间，提升了词作的审美意境。

无论如何，赵明诚、李清照屏居青州的生活至此宣告结束。赵明诚赴莱州上任，李清照最开始因为各种缘由并没有同行，后来才赶赴莱州。

在前往莱州之前，李清照先回了一趟明水老家，一是回去看望继母，二是和少时的姐妹们叙叙旧，毕竟，一旦陪同赵明诚投身官场，就不知道何时才能回到故乡了。

在赶往莱州的途中，李清照曾在昌乐县一家驿馆寄宿。这是她第一次独自一个人在外寄宿，孤苦无依之中，无尽的寂寞之感向这个满怀心事的中年女子袭来，她不由得想起离开明水前那些姐妹们的叮嘱，那些真心真意的话语让她倍感温馨。于是，她从包裹中拿出纸笔，给家乡的姐妹们写下了下面这样一首词。

　　泪湿罗衣脂粉满，四叠阳关，唱到千千遍。人道山长水又断，萧萧微雨闻孤馆。

　　惜别伤离方寸乱，忘了临行，酒盏深和浅。好把音书凭过雁，东莱不似蓬莱远。

——《蝶恋花·泪湿罗衣脂粉满》

　　"泪湿罗衣脂粉满"，这首词上阕开首即描写送别时难分难舍的情形。词人抓住姐妹们送别时的两个典型细节来重点描写："泪"和"脂粉"，这其中也充分体现了自己无限的伤感之情。接着两句为"四叠阳关，唱到千千遍"，泪湿罗衣犹无法表达千般别恨，万种离情，唯有发之于声，方能道尽惜别之痛。"人道山长山又断，萧萧微雨闻孤馆"，临别之际，姊妹们说此行路途遥遥，而现在自己不仅离姊妹们更加遥远了，还碰上了夜雨连绵，扰乱人的心境；自己又独自一人，无人可以倾诉，更是愁上加愁。

　　词的下阕，词人的笔锋又转回到离别时的情形，但与上阕描写场景不同的是，这里侧重抒写自己当时的心情。"惜别伤离方寸乱，忘了临行，酒盏深和浅"，是说自己在临别之际，因为极度伤感，心绪不宁，以至于忘记喝了多少杯酒，此语真切而又形象地

幸福的青州岁月

展现了词人当时难舍难别的心境，同时也是"方寸乱"的最佳诠释。结尾"好把音书凭过雁，东莱不似蓬莱远"，与前面的悲苦不同，充满亮色。词人告慰姐妹们，东莱并不像蓬莱那么遥远，只要保持通信，那时空就无法斩断这份难得的深厚情谊。

这首词特点鲜明，不仅有李清照词作特有的细腻和敏感，更有笔力健拔、恣放的豪放气象，以此来写离别之情，对一个女词人来说，更显得难能可贵。

到莱州后，李清照很快发现，这次夫妻重逢并没有自己想象中的那么美好。按理说，夫妻久别重逢，本该大喜过望，但李清照初到莱州所作的《感怀》诗，格调却极为愁苦。

感怀（并序）

（宣和辛丑八月十日到莱，独坐一室，平生所见，皆不在目前。几上有《礼韵》，因信手开之，约以所开为韵作诗，偶得"子"字，因以为韵，作感怀诗。）

寒窗败几无书史，公路可怜合至此。

青州从事孔方兄，终日纷纷喜生事。

作诗谢绝聊闭门，燕寝凝香有佳思。

静中吾乃得至交，乌有先生子虚子。

这首诗的小序写李清照到达丈夫赵明诚任知州的莱州后，却被丈夫冷落于一室，而且，夫妇俩平生爱好的金石之物，在丈夫的官邸中没有看到一件，这时，李清照心中的不满和失落不难想象。诗的开头两句首先描写了所处的环境，寒窗败几，空无所有，从环境反映出心理；而且用袁术走投无路、身无一物来比喻丈夫的官署，看上去是描写赵明诚在物质上的缺失，但实际上是暗指赵明诚在精神层次上的缺失。然后转入议论，对酒与钱这类世人趋之若鹜的东西，表示了轻蔑之情。在李清照看来，赵明诚所谓的官场应酬是"喜生事"，也就是容易招惹是非。后四句看上去没有什么深意，但也绝非赋闲之篇，表达出了李清照所向往的生活是闭门谢客、凝香佳思、偶得佳句、人生知己，这都体现了李清照在情操和品格上的高尚追求。在这首诗中，李清照不仅仅是暗讽自己的丈夫，也是展现自己所追求的生活情趣。

到莱州后，李清照的情绪之所以不喜反忧，一般认为是因为赵明诚开始蓄养小妾的缘故。从现代人的角度看，赵明诚无疑是变心了，是背叛爱情了，但在封建社会，名流仕宦蓄养小妾实在

幸福的青州岁月

是极为正常的事情，就连写出《江城子·十年生死两茫茫》的大文豪苏轼也概不能外，再比如写出感动了无数现代人的《浮生六记》的沈复，他与芸娘"愿生生世世为夫妻"，也没能抵挡住随朋友去广东经商时，往返于烟花之地半年有余。赵明诚与李清照结婚之初以及在青州的岁月里，并未出仕，还喜欢收集金石文物，在经济上相对紧张，再加上夫妻二人关系和睦，故而没有条件蓄妾。等到第二次踏入仕途，做了一地长官，《金石录》又已经初步完成，金石收藏也已丰硕，手头逐渐宽裕，而且，李清照年老色衰，又不在身边，加上官场应酬，赵明诚也不免从俗，纳了小妾。

除了以上原因外，赵明诚蓄养小妾还有一个十分重要甚至可能是关键性的因素，那就是他和李清照结婚多年一直没有生育子女。事实上，赵明诚不但与李清照没有生育子女，而且与其他侍妾也没有生育子女，那么，结果很明显，"不嗣"的责任当在赵明诚。然而，在封建社会，"不嗣"的责任往往都由女性承担，赵明诚因此与李清照产生一定的心理隔阂，加上长期两地分居，纳妾就是很自然的事情了。

通过李清照的诗词，我们不难体会到，她是一位十分要强的女性，虽然是在男尊女卑的封建社会，但她依然渴望得到丈夫全

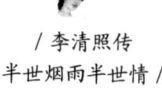

/ 李清照传
半世烟雨半世情 /

部的爱，所以，当她到达莱州，得知丈夫蓄养小妾的事实后，内心的感情是极为复杂的，精神压力也是极大的。一方面，她倍感凄凉与痛苦，不甘被冷落，并将这种心情诉之于诗词中。另一方面，她又深知丈夫的行为在当时的礼法上并没有错，而且，还有正当的理由——无嗣，故而她的心中愁苦只能是"多少事，欲说还休"。在封建社会里，有李清照这样遭遇的女子，并不在少数，她们中大多数的应对方法是逆来顺受，甘心听从丈夫、长辈们的安排，甚至将所有的错都归结到自己身上，自怨自艾，自暴自弃。但李清照却不是这样，而是将自己的不满和痛苦明白无误地表现了出来，这也是她作为一个封建社会的女性，最可贵的地方之一。

不过，李清照和赵明诚的感情基础还是深厚的。赵明诚始终是爱李清照的，否则也不会将她接到莱州。她是他的妻子，其他的侍妾不过是附属而已。至于李清照，虽然对赵明诚有些怨言，但对他的爱却从未改变。赵明诚与李清照有着共同的志趣、一致的精神追求和相近的艺术修养，这是其他任何人都替代不了的。所以，虽然在莱州经历了一些"风波"，但却不至于感情破裂，两人始终还是相互尊重、相濡以沫的。

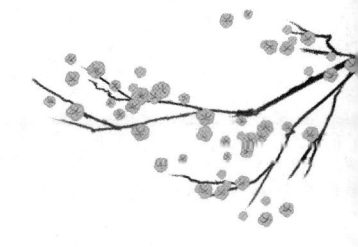

第四章

仓皇南渡，乱世劫

　　假如只是轻松地写一些闺趣思愁，那在中国文学史中，李清照的名字必然不会像如今这般灿若星辰。乱世到来，国破家亡，仓皇南渡，颠沛流离，永失挚爱，命运的残酷考验一波又一波地向李清照袭来。面对这些新的命题，她的思想与创作也升华到了全新的境界。

刹那生灭 >>>

在莱州，经历了短暂的情感风波后，李清照和赵明诚的生活又回归了以往的美好和幸福。工作之余，夫妇二人走遍了莱州每一片土地，或游历，或收集金石，基本上是复制了青州的幸福岁月。公元1124年，赵明诚在莱州任满，调任淄州担任知州。在这里，他们夫妻的生活也是逍遥惬意的。然而，巨大的危机就在这时突袭而至，这不仅是他们夫妻的危机，也是整个大宋王朝的危机，是一场国破家亡的灭顶危机。

北宋建立后，吸取了唐末武将专权、藩镇割据导致国家灭亡的教训，一直采取重文轻武的政策，结果导致军队武力疲弱。北

仓皇南渡，乱世劫

方的辽国、西夏和崛起于东北的金国一再入侵，长期与北宋形成对峙局面。北宋政府被逼无奈，只能以巨额的金帛岁币来换取暂时的平安。另一方面，在北宋内部，冗费、冗官、冗兵使得国家财政支出倍增，又因为土地兼并现象突出，导致财政收入锐减，国库空虚，出现了严重的财政危机，也因此而形成"积贫"局面。再加上宋军在与辽、西夏的战争中连年战败，出现了"积弱"的局面。"三冗""两积"造成了严重的社会危机，国家内部的矛盾更是激烈，而由此引起的王安石变法又出于各种原因归于失败。到了宋徽宗时期，北宋朝廷的形势已经到了岌岌可危的地步，而北方的金国却日益强大。公元1125年，金国灭辽；随后大举南下，攻击宋朝，兵锋直指汴京城。仓皇失措的宋徽宗将皇位传给了太子赵恒，也就是宋钦宗。钦宗继位后，大力组织军民抵抗金军，汴京暂时得以保全，但是金国对宋是势在必得，一时受挫并不能消除宋朝的危机。

宋钦宗靖康元年（公元1126年）八月，金军再次攻击汴京，十一月，汴京失陷。靖康二年（公元1127年）二月，金人掳走宋徽宗、钦宗及后妃、皇室、大臣等三千多人后北返，北宋宣告灭亡，史称"靖康之变"。幸存的赵宋王室仓皇逃到了杭州，康王赵构在众人的拥立下成为皇帝，是为宋高宗，改国号为建炎。从此，颠沛流离的生活对宋朝臣民来说就是家常便饭了，李清照自然也不例外。

国耻未雪，家变又起，就在赵明诚夫妇对时局忧心不已的时候，靖康二年（公元 1127 年）三月，赵明诚的母亲在金陵撒手人寰。按照礼制，赵明诚南下金陵奔丧，并且需要丁忧三年（古代，父母死后，子女按礼须守丧三年，其间不得行婚嫁之事、吉庆之典，任官者须离职，称"丁忧"）。

这是莱州相聚后赵明诚与李清照的又一次分别，赵明诚南下奔丧，家中不能没人照顾，留在淄州和青州的金石文物也需要安全转移，无奈之下，李清照只能一个人留下来，等处理好一切再南下。

都城被占、皇帝被俘、国家灭亡再加上亲人去世、丈夫离开，这一系列事情集中发生在一个时间段，如暴风骤雨般向李清照席卷而来，换作寻常女性，如果没有绝大的定力与毅力，可能早就慌作一团，甚至是崩溃，但李清照却勇敢地撑起了这一切。

建炎元年（公元 1127 年）八月，由于用人在即，赵明诚不必践"丁忧"之责，被召到江宁府任职。又过几月，李清照携带历经艰险得以保存的部分文物赶到江宁府，与赵明诚团聚。这些得

仓皇南渡，乱世劫

以保存的文物之中，最值得一说的是《赵氏神妙帖》，赵明诚就专门撰文记载过这件事。"此帖章氏于售之京师，予以二百千得之。去年秋，西兵之变，予家所资，荡无遗余，老妻独携此而逃。未几，江外之盗再掠镇江，此帖独存。信其神工妙翰，有物护持也。"《赵氏神妙帖》是北宋书法四大家之一蔡襄所书，赵明诚花了巨资买下，又经历种种磨难得以保存，所以才认为其"有物护持"，夫妻两人对其爱不释手。

赵明诚夫妇收藏众多，虽然李清照多次削减，但还是装了十五车书籍。至于青州老家，剩下的也不少，还有十多间房屋的收藏，夫妇两人本来希望第二年春天再准备船只把它们装走，可是到了这一年十二月，金兵攻下青州，这十几屋珍贵的金石书画，最终被金人一把火烧为了灰烬。

乱世之中，无法自保的自然不只是他们的文物，黄钟毁弃，瓦釜雷鸣，哀鸿遍野，到处是挣扎于生死线上的人们。眼看着故乡已不再是昔日的平静之地，美好的家园被无情践踏，黎民百姓遭受涂炭，多年的苦心收藏又被毁去了一大半，国仇家恨交织之下，李清照心中的创痛不难想象。这一时期，她的词作也都饱含着这种创痛。下面这首词作就是其中的代表。

庭院深深深几许？云窗雾阁常扃。柳梢梅萼渐分明。春归秣陵树，人老建康城。

感月吟风多少事，如今老去无成。谁怜憔悴更凋零。试灯无意思，踏雪没心情。

——《临江仙·庭院深深深几许》

据南宋周辉在《清波杂志》中记载，他曾经见过李清照的亲戚，对方说起李清照在建康时的一些事情。每逢大雪天，李清照便会头戴斗笠，身披蓑衣，沿着建康城城墙走出去很远，去探幽览胜，寻觅创作的灵感，每当得到好的句子，就一定会找赵明诚探讨一番，赵明诚才力不够，"每苦之也"。现存的这首《临江仙》应该就是作于这段时间的。

这首词的词前有一段小序说："欧阳公作《蝶恋花》，有'深深深几许'之句，予酷爱之。用其语作'庭院深深'数阕，其声即旧《临江仙》也。"

用叠字来抒发情感是李清照词作的一个特点，据小序中所言，这首词明显是受到欧阳修的影响。不过，欧阳修的"庭院深深深几许"是描写闺中女子被拘禁、受限制的痛苦，表达的是一种冲破牢笼的愿望。李清照这里则反用其意，表现在多舛的命运下对世事离乱的惧怕之情，在遭受这种种创痛之后，她宁愿躲避在深深的庭院里，所以才有"试灯无意思，踏雪没心情"的说法。

这首词还是李清照一贯的清浅词风，但与之前的作品相比，却多了一层深广的社会内涵，其所含的忧思与无奈不再只是儿女情长，可以视作李清照前后期词作风格的一个分水岭。对李清照来说，风花雪月的那些日子已经成为回忆，如今，春天虽然如约而至，但心中却不再有任何欢喜。柳梢梅萼在传递着春的信息，但人却只感到了无意思。南渡初期的李清照虽然也算是颠沛流离，但毕竟丈夫赵明诚被南宋朝廷任用，个人生活上不会有太多困难，丈夫也常伴在自己身边，不用忍受分离的折磨，她内心更多的愁苦烦闷还是对于国家安危的关切与担心。在这种担心之下，以往那些喜欢的娱乐和消遣，自然就没有了意思。

时代的洪流洗涤着每一个敏感的灵魂。身为弱质女流，在沧桑巨变中，李清照的目光开始突破自己的小天地，不再囿于儿女情长。遥望故国山河，看着一路南逃的人们，她痛心疾首，借一首寿词，寄希望于英雄志士"安石须起，要苏天下苍生"。

北宋灭亡后，南宋苟安于江南，与金国形成对峙之势。此后，

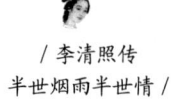

无数有志之士壮怀激烈，岳飞、韩世忠、辛弃疾、陆游、文天祥……一个个收拾旧山河的梦，从未曾熄灭。而家国之变带来刻骨铭心的痛，李清照将在余下的生命里，一一体会。这其中的幻灭感，看看明代著名文人张岱的《自为墓志铭》便会明了。

　　少为纨绔子弟，极爱繁华，好精舍，好美婢，好娈童，好鲜衣，好美食，好骏马，好华灯，好烟火，好梨园，好鼓吹，好古董，好花鸟，兼以茶淫橘虐，书蠹诗魔，劳碌半生，皆成梦幻。年至五十，国破家亡，避迹山居。所存者，破床碎几，折鼎病琴，与残书数帙，缺砚一方而已。布衣疏食，常至断炊。回首二十年前，真如隔世。

　　繁华如梦，刹那生灭。

仓皇南渡，乱世劫

生离，死别 **>>>**

　　南宋立国后，统治阶级内部矛盾重重，朝廷章法大乱，众官员无所适从，朝不保夕，仕途极不稳定。赵明诚到江宁府任职不到两年，就被罢免了官职。

　　不过，赵明诚这次被罢免官职，完全是咎由自取，罪有应得。原来，赵明诚在任职江宁府时，有一个叫王亦的属下想要发动叛乱，此事被其他下属察觉，并向赵明诚汇报。然而，胆小的赵明诚不愿冒险平叛，也没有将此事报告上级。在下属自行领兵平息叛乱时，他却找了一根绳子从城墙上滑下来，可耻地逃跑了。像这样的行为，被罢官自然是罪有应得。

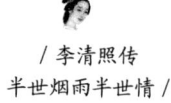

　　对于丈夫的可耻行径，李清照比赵明诚本人还要羞愧。她虽是女儿身，却性格刚强，渡江之初，就是积极的主战派，对南宋朝廷的苟且偷安非常不满，屡屡写诗讽刺。赵明诚被罢官后，李清照虽不忍当面责怪，但也难掩愤懑之情，于是作了一首《夏日绝句》以抒怀。

　　生当作人杰，死亦为鬼雄。
　　至今思项羽，不肯过江东。

　　在这首起调高昂的诗中，李清照立场鲜明地表达出了人生的价值取向：活，要活得昂扬，成为人中豪杰，出类拔萃；死，要死得壮烈，为国捐躯，成为鬼中英雄。同时，通过项羽宁死也不过江东的典故，巧妙地讽刺了南宋统治者毫无气节、苟且偷安的行为。

　　在这段时间，李清照还作出了两联著名的失题断句。

　　第一联断句为："南渡衣冠少王导，北来消息欠刘琨。"这个断句在当时流传甚广。王导是东晋时期"戮力王室，克复神州"的名臣和重臣，刘琨是东晋的著名爱国将领，比王导生卒略早一些。

《山东通志·艺文志》记载一则按语："易安多以文字中人忌……'南渡衣冠少王导，北来消息欠刘琨。'讥刺甚众。"俞正燮在《易安居士事辑》中也说易安"以美秀之才，好论文以中时忌也"，还称这几句诗是"忠愤激发，意悲语明"之辞。这些后世的评语发人深省，李清照到底讥刺的是些什么人呢？原来，在李清照写这个断句时，南宋主战派名相李纲一度被罢职，任东京留守的名将宗泽多次上书，请求宋高宗伐金以收复失地，高宗却置之不理，宗泽忧愤成疾，连呼三声"过河"而卒。李纲被罢职，宗泽忧愤而死，南宋朝堂上的执政者换成了一班苟安乞降的昏庸无能之辈，这与当年苟安江南无意收复北方失地又横阻刘琨等将领北伐的东晋王朝何其相似。以李清照所处的时代和她的身份地位，对于皇帝及其身边的大臣是无法直言不讳地加以揭露和批判的。因此，她怀念力图北伐的王导、刘琨，事实上就是讽刺为保住自己皇位而甘心将徽、钦二宗留在金人手中遭受蹂躏的宋高宗君臣。

第二联断句为："南游尚怯吴江冷，北狩应悲易水寒。"吴江是地名，在江宁附近，李清照和赵明诚南渡时曾短暂居住于此地，这里代指南方。"吴江冷"意思是在南渡逃难的北人眼中，南方的美丽的风景也黯然失色。"北狩"是指被金人掳走的徽、钦二帝，

并言及荆轲易水送别的典故，两者结合理解，其意皆是在讽刺南宋统治者备战不力、反击乏术，无法收复北方故土，甚至无法有效阻止金人南下侵扰的屈辱事实。

建炎三年（公元 1129 年）三月，李清照一家搭船上芜湖，到了当涂，准备在赣江一带寻找一个稳定的居所。结果到了五月，刚刚在池阳找到住的地方，赵明诚就被调任湖州任职，收到任命后，赵明诚便告别李清照，独行至建康（宋高宗五月初改江宁府为建康府）待命，以赴湖州上任。

关于这次告别，李清照在《金石录后序》中还有一段感人肺腑又形象生动的记载：六月十三日，赵明诚挑着行李舍舟登岸。他穿着一身葛衣，戴着头巾，看起来非常精神，双目满含深情地望着舟中的李清照，向她告别。这乱世中的分别让李清照心生不安，似乎有什么可怕的事情会发生，既焦急又难过，情绪很不稳定。离别之际，她泪流满面，对着赵明诚大喊道："假如城中局势危急，我该怎么办呀？"赵明诚伸出两根手指，远远地大声回答说："那就跟着众人逃难吧。到了迫不得已的时候，你就把那些包裹行李扔掉，先扔衣物被褥，再扔掉书画，最后是古器。不过那些宗庙祭器和礼乐之器，你务必背着、抱着，与你共存亡，千万别忘了！"说完，策马而去。

| 第四章 |

仓皇南渡，乱世劫

李清照没有忘记丈夫"共存亡"的嘱托，为了保护那些珍贵的文物，她所受到的折磨和灾难甚至比付出生命代价还要沉重，当然，这是后话，我们留待下文评说。

赵明诚离开的时候，正值盛夏六月，天气酷热难耐，再加上着急赶路，结果感染上了疾病，等到建康时，病势已重。因为交通不便，到了七月末，李清照才得知丈夫病重的消息，心急如焚之下匆忙赶往建康。八月十八日，赵明诚溘然病逝。继父母之后，最爱的人也这样走了，在这乱世之中，李清照真正成了孤雁一只。从此，再没有"相对展玩咀嚼"金石书画的快乐，再没有"相向惋怅者数日"的余韵，再没有坐归来堂中"赌书泼茶"的趣味，再没有苦苦相思之后团聚的甜蜜了……

赵明诚病故后，处在国破、家亡、夫丧的巨大悲痛和种种苦难中的李清照，不免经常性地回忆起往事，感叹美好的时光一去不复返，于是便有了下面这样一首诗。

十五年前花月底，相从曾赋赏花诗。

今看花月浑相似，安得情怀似往时。

——《偶成》

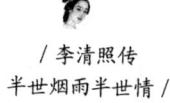

挂在空中的是同样的明月，笼着月光的是一样的鲜花，月依然圆，花依然好，但是人却阴阳两隔，情怀自然是迥然两样。

因为没有子女，因此赵明诚去世后的一切后事都要李清照亲自打理。所以，即便她内心有着难以忍受的痛苦，也得坚强地忍受下来。她换上一袭白衣，强忍着泪水，操持着所有事务，包括布置灵堂和派人给赵家的亲戚发丧报等，等到重要的事情布置完后，她又蘸着血泪，写下了一篇《祭赵湖州文》，其中有这样两句写尽了她与赵明诚生离死别的痛楚："白日正中，叹庞翁之机捷。坚城自堕，怜杞妇之悲深。"第一句的典故出自宋代释道原《景德传灯录》卷八："襄州居士庞蕴将入灭（佛教称僧人死亡为入灭），令其女灵照观日之早晚来报。其女回报说：'日已中矣，而有蚀也。'待父出门观看时，其女'即登父坐，合掌而亡'。父见其状，夸其女'锋捷'，庞延至七日之后乃亡。"这里是说赵明诚先己而亡，死得其所，比起后亡者的处境要好，以此自慰，其中悲痛之深，不难体会。第二句的典故出自杞梁妻哭夫的故事。刘向《说苑·善说篇》载："昔华舟杞梁战而死，其妻悲之，向城而哭，隅为之崩，城为之阤。""阤"即溃塌之意。这里是说自己的悲伤之情与杞妇相同，"坚城"一词，则语涉双关，暗示赵明诚为国之长城的意思。

第四章
仓皇南渡，乱世劫

中年丧夫，对任何女性来说，都是巨大的打击，尤其是互相深爱的夫妻。遭此一击后，即使向来刚毅的李清照，也难以承受了，勉强支撑着操办完葬礼后，就大病了一场。

一波未平，一波又起，李清照的苦难还远未结束。赵明诚尸骨未寒之时，打击就接踵而来：先是宋高宗赵构的亲信王继先趁火打劫，携带黄金三百两来赵家，想要低价购买那些价值连城的收藏品。李清照怎么舍得出卖这些凝聚了她和丈夫那么多心血又历尽磨难劫后余生的珍贵藏品呢？她严词予以拒绝，希望对方知难而退，但有权有势的王继先哪肯就此罢休，多次逼迫李清照就范。关键时刻，幸亏赵明诚的表兄、在朝为官的谢克家出面周旋，才使李清照免遭这一劫难。此后，又有小人向朝廷诬告，说他们夫妻"颁金通敌"。原来，在赵明诚病重期间，他认识的一个叫张飞卿的人曾携带一个玉壶来看望他，这个人后来投降了金人。这件事被小人传成是他们夫妻以玉壶献给金国，而且，还说李清照献给朝廷的玉器并非真玉，只是像玉的石头。这两个事情如果坐实了，那肯定是杀头的大罪，好在事情很快真相大白，李清照再次逃过一劫。但是，正所谓"匹夫无罪，怀璧其罪"，对那些珍贵藏品产生贪念的小人不会就此放弃，依然在不断找借口，欲置李清照于

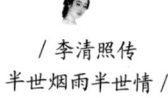

死地而后快。

事情如果这样发展下去，李清照恐怕不死，也很难继续保护好那些金石书画了。令人的讽刺的是，将她从这个旋涡中解救出来的正是那些南下的金人。

就在李清照因为保护丈夫的遗物而焦头烂额时，金人悍然发动南侵。面对气焰嚣张的金人，宋高宗无力抵抗也无心抵抗，自建康南逃浙西。至于那些贪念赵明诚遗物的小人们自然也是把性命放在第一位，各自作猢狲散。虽然避开了这一难，但面对凶狠的金兵，留在建康的话，也是待宰羔羊。无奈之下，李清照只能舍悲忍痛，拖着病躯整理好金石文物，然后遣人送到洪州赵明诚妹婿处。本来，她也打算投往洪州，但因大病未愈，延误了下来。后来，洪州也告急，李清照只能在匆忙之下携带部分金石书画南下，追随宋高宗的踪迹，毕竟，跟着皇帝逃，相对来说是最安全的。

不久之后，南下的金兵果然攻陷了洪州，这样，李清照之前送往洪州的那些金石文物也毁于战火之中了。至此，心爱的宝贝所剩不到一半，这无异给逃亡途中的李清照在心口上又插了一刀。

愿有人陪你颠沛流离 >>>

国破家亡，丈夫去世，颠沛流离，丈夫的遗物又不断损毁，一连串的打击使李清照尝尽了世间的各种苦痛。亡国之恨，丧夫之哀，孀居之苦，逃亡之疲……种种悲情凝集心头，使李清照一时无法排遣，于是，写下了下面这首《声声慢·寻寻觅觅》，这是她在南渡以后的代表作品，也是宋词抒情作品中难得一见的精品，向来为后世所称道。

寻寻觅觅，冷冷清清，凄凄惨惨戚戚。乍暖还寒时候，最难将息。三杯两盏淡酒，怎敌他、晚来风急？雁过也，正伤心，却

是旧时相识。

满地黄花堆积。憔悴损，如今有谁堪摘？守着窗儿，独自怎生得黑？梧桐更兼细雨，到黄昏、点点滴滴。这次第，怎一个愁字了得。

这首词起头三句便极不寻常，一连用七组叠词，这不仅在词作方面绝无仅有，即使在诗赋曲中也是绝无仅有。这七组叠词无一写"愁"，读来却字字是愁，声声是愁，如泣如诉，给人一种无比凄惨的悲伤感受。

首句"寻寻觅觅"，表达的是词人想要寻找到一些温馨幸福的回忆，但最终回到现实，还是"冷冷清清"，孤身一人，形单影只，茕茕孑立。然后，词人说"乍暖还寒时候，最难将息"。秋季的气候变化无常，适应起来很困难，加上词人已年近半百，又遭遇了那么多的不幸，对天气的变化就更加敏感，不知如何将养生息。于是，词人借酒御寒，但两三杯淡酒又怎能抵挡黄昏时的冷风呢？正在词人忧愁无解时，只见几行南飞大雁掠过窗前，词人由此引发想象，它们不正是为自己和丈夫捎过书信的大雁吗？"雁过也"这几句，有声有形，使整首词充满动感，很容易令读者产生共鸣，

第四章

仓皇南渡，乱世劫

感受到词人的凄惨之情。

词的下阕起句以景引情，满地的黄花堆积，但人已憔悴不堪，哪还有什么心情去采摘呀？"守着窗儿，独自怎生得黑"，用的是朴素近似白话的语言，但却写尽了词人的凄苦悲愁。正巧又下起了雨，"点点滴滴"打在梧桐树上，也打在了词人的心上。在这样凄苦的环境下，词人的心情又怎是一个"愁"可以写尽的？全词以"愁"收尾，既是收，又是放，给人无限想象空间，可谓言有尽而意无穷。

同一时期，李清照的另外两首词作中也有相似的情感。

年年雪里，常插梅花醉。挼尽梅花无好意，赢得满衣清泪。

今年海角天涯，萧萧两鬓生华。看取晚来风势，故应难看梅花。

——《清平乐·年年雪里》

这首词上阕回忆往昔。雪天里梅花盛开，代表着草长莺飞、处处啼鸟的春天即将到来，表达的是词人对过往幸福的回忆与怀念。插梅而醉的"醉"字有两层意思：一是因梅花盛开而产生了痴醉的内心悸动；二是因内心的悸动而醉饮。醉饮又无法浇愁，故而

揉搓梅花。这并非有意的伤花之举，而是词人内心不平静的一种下意识动作。即使是揉碎梅花也没有好的心情，只落得清泪满衣。

词的下阕是感伤当下。又是一个梅花盛开的季节，而长时间沦落天涯、颠沛流离的生活已使词人两鬓斑斑。结尾，词人作忧患语：当年内心虽然悸动烦闷，但毕竟"春心'还'共花争发"，有插梅、捼梅的举动。而如今尚未踏雪寻梅，就已从晚来的风势中预感到连赏梅之事也很难实现了。

这首词处处跳动着词人生活的脉搏，早年的欢乐，中年的幽怨，晚年的凄凉，在词中都约略可见。词意含蓄蕴藉，感情悲切哀婉。国家遭难，爱人永别，就如同《声声慢·寻寻觅觅》中无心赏菊一样，她哪里还有赏梅的闲情逸致呢？身世之苦、国家之难糅合在一起，使词的思想境界陡然为之升华。

小阁藏春，闲窗锁昼，画堂无限深幽。篆香烧尽，日影下帘钩。手种江梅渐好，又何必、临水登楼。无人到，寂寥浑似，何逊在扬州。

从来，知韵胜，难堪雨藉，不耐风揉。更谁家横笛，吹动浓愁。莫恨香消雪减，须信道、扫迹情留。难言处，良宵淡月，疏影尚风流。

——《满庭芳·小阁藏春》

|第四章|

仓皇南渡，乱世劫

这首词上阕写人。"小阁藏春"以下五句，描写的是环境的幽暗。"手种江梅渐好"两句，表达的是赏梅之情；"无人到"三句，打发的是词人的寂寞之感。这里由闺房到庭院，由赏梅的环境到情感的抒发，婉转有致，极富韵律美。词的下阕咏梅，词人先说梅花"韵胜"，接着笔势一转，写梅花"难堪雨藉，不耐风揉"，蕴含的是爱梅惜梅之情；"莫恨""须信道""难言处"五句，赞美的是梅花孤高不俗、潇洒不羁的风度。这里由爱梅、惜梅而到咏梅，层层递进，跌宕生姿。

经历了靖康之难的国破家亡、流离失所的痛苦，承受了丈夫死后精神和生活的惨痛打击，这种种不幸，使李清照词作中充满特别凄凉的情调，因而在这篇咏残梅的词里，不难发现作者暗喻身世之感。其主观抒情色彩十分浓厚，达到了意与境谐、情景交融的境界，整首词既是赏梅也是自赏，既是咏梅也是自咏，表现了词人坚贞不屈、鄙弃庸俗的胸怀。

建炎四年（公元1130年）三月，宋高宗返浙西，经定海、明州、余姚，于四月十二日到越州，李清照一路随之到越州。十一月，朝廷遣散百官，李清照赶往衢州。这时，宋四京开封、洛阳、应天府、大名府已经全部沦陷，金人立刘豫为帝，建立伪齐政权。

李清照有诗斥之曰："两汉本继绍，新室如赘疣。所以嵇中散，至死薄殷周。"

一路颠沛流离，身体疲劳加上心情的忧愁，李清照怀旧思乡之情愈发浓厚。在江浙之地流寓时，窗前的一棵芭蕉就能轻易触动她内心最柔软的地方。

窗前谁种芭蕉树？阴满中庭。阴满中庭，叶叶心心，舒卷有余情。

伤心枕上三更雨，点滴霖霪。点滴霖霪，愁损北人，不惯起来听。

——《添字丑奴儿·窗前谁种芭蕉树》

这首词从视觉和听觉两个方面来描写芭蕉，不仅形象地描绘出雨夜芭蕉的情状，而且饱含着充沛的情感力量。上阕从视觉入手，描摹白天所见，写出芭蕉的树荫遮满中庭，叶片舒展、叶心蜷缩的景象。首句"窗前谁种芭蕉树"，问得突奇，似无意，却有心，接着描写芭蕉叶的形态，宛若含情。叠句"阴满中庭"是夸赞芭蕉枝叶繁茂，反衬环境的幽暗；"叶叶心心"则是夸赞芭蕉叶展心舒，暗含无限眷恋之情。词的下阕从听觉入手，写夜雨打在芭蕉叶上的声音声声入耳，触动了词人深沉浓重、痛苦难忍的思念之情。"伤心枕上三更雨"写词人在床上辗转反侧，孤枕难眠之下于枕上听夜雨之声；叠句"点滴霖霪"写夜雨的淅淅沥沥，烘托词人凄凉的心绪。最后句点明题旨，突出了词人深沉的忧国怀乡之情。全词咏物抒怀，笔法轻灵，语意深远，婉转有致，饱含深情。读罢，我们似乎不难听到李清照内心的呼喊：故乡啊故乡，何时才能回到你身边？

> 风定落花深，帘外拥红堆雪。长记海棠开后，正伤春时节。
> 酒阑歌罢玉尊空，青缸暗明灭。魂梦不堪幽怨，更一声鶗鴂。
>
> ——《好事近·风定落花深》

这首词的上阕首句状物，词人由"风定"判断"帘外"必然是落花遍地，红白堆积，从中可以感受到词人的敏感心理和对美好事物的关注。其中所包含的伤感之情不难体会，是词人对自身处境的一种自况。次二句写的是回忆，但却没有写回忆的具体内容，只是写此时海棠花落之时正是伤春时节。"长记"即常记，说明之前"伤春"情绪就已经萦绕于心。词的下阕首句并没有承接

上文而抒发自身的孤寂和愁苦，而是通过四个极富象征意味的物体，酒阑、歌罢、空的酒杯以及忽明忽暗的油灯，来刻画自身所处的幽暗、凄清、空冷。试想，一个失去丈夫又饱尝流离之苦的思妇置身于如此的环境中，其心情该是如何的凄怆孤寂？"魂梦不堪幽怨，更一声鶗鴂"，白天，词人是惜花伤春，夜晚则借酒消愁，想在醉梦中得到一丝慰藉，然而梦到的情景，反而使哀愁更为幽怨。醒来时分，听到窗外凄厉的"鶗鴂"声，更为词人悲怆的情感增添了几分凄惨。

风柔日薄春犹早，夹衫乍着心情好。睡起觉微寒，梅花鬓上残。故乡何处是？忘了除非醉。沉水卧时烧，香消酒未消。

——《菩萨蛮·风柔日薄春犹早》

这首词上阕写早春"风柔日薄"的美好天气。寒冬之后，人们脱去厚重的冬衣，穿上春衫，此时自然会感到轻松、解脱，产生喜悦的心情。但此时词人的心情并不好，小睡起来后感到微寒侵肤，插到鬓上的梅花也已经枯凋。词人在上阕虽没有明说心情的暗淡，但却给予了一定的暗示和铺垫。

仓皇南渡，乱世劫

果然，在下阕首句，词人即发出"故乡何处是"的悲呼。故乡虽在，山河却已易主，欲归不得。范仲淹《苏幕遮·碧云天》下阕有词云："黯乡魂，追旅思，夜夜除非，好梦留人睡。"只有在醉梦中，才能稍稍摆脱沉重的乡愁。不过，词人在这里没有说自己如何沉溺"但愿长醉不复醒"的醉梦中，只说醉卧时所烧的沉香早已熄灭，而词人还宿醉未解，其凄苦之处相较《苏幕遮·碧云天》，更为强烈。

永夜恹恹欢意少，空梦长安，认取长安道。为报今年春色好，花光月影宜相照。

随意杯盘虽草草，酒美梅酸，恰称人怀抱。醉里插花花莫笑，可怜春似人将老。

——《蝶恋花·永夜恹恹欢意少》

这首词上阕起句"永夜恹恹欢意少"，开门见山地表明了长夜漫漫、欢意甚少的心情。次韵"空梦长安，认取长安道"，用"长安"代指京都汴梁。写词人在长夜中辗转反侧，梦见汴京，虽能看见汴京的城池街道，却无法真正到达。此处一个"空"字，便尽显

词人伤心失落的感情。"为报今年春色好，花光月影宜相照"写今年的春色和往年一样美好，但局势却变得更差了，词人心懒意散之下，也早就没有了踏春览胜的闲情逸致了。

词的下阕前三句"随意杯盘虽草草，酒美梅酸，恰称人怀抱"，点明主题，透露词人再无心情推杯换盏、浅斟低唱，代之而来的是"杯盘草草"的家常便饭和酸梅酿制的酒，这与词人失落辛酸的心情是相称的。"醉里插花花莫笑，可怜春似人将老"，这里将"花"拟人化。"花莫笑"，意思就是不要笑我这么大年纪还插花，此处的词意与末句"可怜春似人将老"紧紧相连，意思是说最需要怜惜的是春天也像人一样变得衰老了。这里的"春"其实是暗喻"国家社稷"，"春将老"也就是"国将沦亡"。

这一时期的李清照，可谓跌到了人生的低谷，身心都遭受了重创，如果是寻常女子遭遇这样的不幸，一定会茫然不知所措，甚至有些心理承受能力差的女子还会自寻短见。但是，李清照虽然也有无限的愁思和伤痛，但却也能凭借着自己的才华，将自己的远大志向和人生追求寄托于词作之中，寻找一种精神上的寄托，下面这首词作就表现了她不屈不挠的性格和豪爽不羁的男子气概。

天接云涛连晓雾，星河欲转千帆舞。仿佛梦魂归帝所。闻天语，殷勤问我归何处。

我报路长嗟日暮，学诗谩有惊人句。九万里风鹏正举。风休住，蓬舟吹取三山去。

——《渔家傲·天接云涛连晓雾》

这首词在南宋黄昇编著的《花庵词选》中题作"记梦"，整首词都是描写梦境，是李清照词作中唯一的一首豪放词。一般而言，李清照南渡以后的词作风格都是以愁苦忧思为主，而这一首却是例外。

上阕头两句描写的是黎明之前海上的景象，词人用"接""转""舞"三个动词就将海天跌宕的情形描绘得让人有身临其境之感。"星河欲转"，点出时间已近黎明，"千帆舞"写的是海上的大风，而非江河中的船帆。或许因为李清照在莱州、淄州等沿海地区待过，对海见得比较多，因此才写得出这样的气象。"仿佛梦魂归帝所"的意思是说：我本来就是从天帝那儿来的，现在又要回到天帝所在的地方了。这里的"归"字和苏轼《水调歌头·明月几时有》中的"我欲乘风归去"之"归"字意义相

同。"归何处"句，重点强调天帝的"殷勤"之意，引起下阕的感慨。

下阕"我报路长嗟日暮"出自《离骚》："欲少留此灵琐兮，日忽忽其将暮。吾令羲和弭节兮，望崦嵫而勿迫。路漫漫其修远兮，吾将上下而求索"，下阕头两句的大意是抒发在人世间生活的不自由，特别是处于封建时代的词人，即便她学诗有惊人之句，也依然是"路长日暮"，追求不到她真正想要的境界。末了几句的意思是说，词人有大鹏高飞之志，想要乘上像蓬草那样飞旋轻快的小舟，去蓬莱、方丈、瀛洲三个神山。词人之所以产生这样的想法，正是因为她感到自己尽管有才华、有理想、有抱负，但在当时的社会中是不可能得以施展和实现的，根本找不到出路。现实社会存在着战乱、杀戮，极其黑暗，陪伴词人的只有孤独、寂寞与危险。所以，词人的梦想去仙境，并不是消极避世，而是有着积极的现实意义。

在这首词中，词人将真实的生活感受融入梦境之中，通过巧妙的用典，将生活与梦境、历史与现实融合在一起，显示出了气度恢宏、格调雄奇的豪放派特征，体现出了词人性情中洒脱不羁的一面。在用词上，词人并不追求华丽的辞藻，而是用白描的手

仓皇南渡，乱世劫

法来表现对周围事物的敏锐感触，刻画细腻、微妙的心理活动，使两者浑然一体，毫无脂粉之气。

公元 1131 年春，听说宋高宗返回越州后，李清照由衢州再次前往越州。在第一次到越州时，李清照本想将收藏的铜器献给朝廷，但没找到机会，于是就将这些铜器连同一些书籍寄往剡县。后来，官军在搜捕叛兵时将这些东西全部侵占了，李清照明知侵占者是一位姓李的将军，但她根本无力索回。就这样，她病重时好不容易保留下来的收藏，又丢了十分之五六，剩下的只有书画砚墨五六筐，李清照再也舍不得放在别处，常常藏在床榻下，亲手保管。在会稽时，李清照租住在当地居民钟氏家里。不料一天夜里，贼人挖开墙壁，把床底的书画全部盗走了。李清照悲伤至极，决心重金悬赏，将其收回来。过了两天，便有同样姓钟的邻居拿出十八轴书画求赏。李清照这才知道，贼人就在眼前。她千方百计地向对方请求归还剩下的书画，但终究无果，后来才知道已被人以低价买走了。如此，他们收藏多年的文物，就只剩下十之一二了。这次丢失的字画，在经历各种劫难的李清照看来，虽然心疼，但毕竟是被懂行的人买走了，总比被战火所毁或者被小人糟蹋要好。但这件事却引起后世文人极大的愤慨，据清朝学者俞正燮的

《易安居士事辑》记载：明代大政治家、改革家张居正在做内阁大学士的时候，听到手下一位钟姓官员是浙江口音，就问是不是会稽人，手下承认后，张居正立马脸色阴沉起来，好长时间不说话。那位官员见到这种情形，连忙解释，说自己家是从两湖一带移居到会稽的。张居正听了这话，脸色才稍微缓和。但他后来还是找了个借口，贬谪了这位钟姓官员，原因就是当年会稽钟姓人家偷窃了李清照收藏的书画，所以，他对会稽姓钟的人没有好感。这个故事本身是否属实并不重要，因为我们从中可以体会到后世文人对李清照悲惨遭遇的同情和愤慨。

乱世中，一个弱质女流，遭逢如此种种，即便是刚毅如李清照，恐怕当时都已近乎绝望了吧。幸运的是，在不久之后她终于与自己同父异母的弟弟李远相逢了，李远当时担任南宋的敕令所删定官，多少还有些家底，能给予姐姐一定的照顾。更重要的是，有了亲人的陪伴，一切困难，都不再那么难以克服。

绍兴二年（公元 1132 年）一月，时局总算有了点好转，金人收兵北返，宋高宗至临安（今浙江杭州），并于此定都，南方局势稍稍稳定了下来。李清照和李远随后也赶到了杭州。

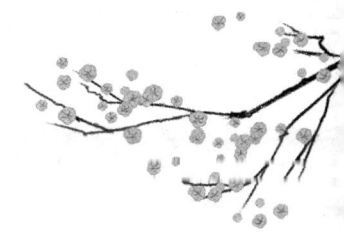

再嫁起风波，一别两宽

    人们说，嫁鸡随鸡，嫁狗随狗；人们说，家丑不可外扬；人们还说，出嫁从夫，男人就是你的天。在那样一个男权至上的封建时代，哪怕丈夫"渣"到了极限，妻子也只能忍气吞声，毫无怨言地服侍好丈夫。但是，这一套封建枷锁，锁不住李清照这样的奇女子。对她来说，没有感情的婚姻毫无意义，遇到渣男，更是要该撕就撕。

才女之累 >>>

　　自从赵明诚死后，李清照一路奔波飘零，流离失所，饱尝了国破家亡的凄苦滋味，内心无比盼望局势平稳，生活安定。所以，定居杭州以后，她将自己的住处起名为"易安室"。

　　劫后余生，不用再颠沛流离、担惊受怕，李清照终于松了一口气。可还没等她做一次完全的调整，之前过度疲劳、紧张的身体，就开始来向她"讨债"了。夏至时分，一场大病突然袭来，病情的严重，比起赵明诚去世后"仅存喘息"的情况是有过之而无不及，她躺在床上痛苦地呻吟，有时咳嗽，有时发烧，虚汗浸湿了整个床单。有些时候，她似乎什么都听不到了，什么也都感觉不到了，

再嫁起风波，一别两宽

甚至连气息也若有若无起来，似乎已经接近死亡的边缘。

弟弟李远为姐姐的身体担忧不已，每天忙完公事就跑来看望，为李清照送汤送药。李远觉得姐姐这一生实在是太苦了，年近半百，除了自己，身边竟然再没有一个靠得住的亲人来陪伴。他有时甚至想着，如果姐姐能这样走了，未必不是一种解脱，但更多的是期盼着姐姐能坚强地撑下去，说不定哪天病就好了，生活也能好起来。

因为有官职在身，不可能整天照顾姐姐，但心里又放心不下，所以，李远非常希望有一个人能帮自己一把。这时候，真的出现了这样一个人，这个人叫张汝舟。

一天，李远结束公事准备去看望姐姐时，家人禀报，有一位叫张汝舟的官人拜访。或许是得知李清照病重的消息，张汝舟向李远表示，自己对于李清照倾慕已久，对她的不幸遭遇十分同情。而且，他的妻子也亡故了，如果李清照和李远不嫌弃，他愿意迎娶李清照，余生好好照顾她。张汝舟的话说得很真诚，也很动听。

宋代的敕令所是编纂整理各种行政命令的机构，删定官负责对这些行政命令进行校对，以防出错，几乎所有有一定资历和品级的官员的任命，都要从敕令所删定官这里通过。因为担任着这

个职务，李远对于"张汝舟"这个名字还是有一点印象的，但了解不多。

李远心存疑惑，自己这位孤苦伶仃的姐姐几乎一无所有，而且生着大病，这个张汝舟为什么愿意娶她呢？张汝舟看出了李远的疑惑，赶忙介绍自己，说自己是北宋崇宁年间的进士，与李清照属于同龄人，当年在汴京求学时就已闻李清照的才女之名，对其倾慕不已，但是身份有别，李清照后来又嫁为人妻，实在不敢想象能有亲睹芳颜的一天。又说自己的仕途已经没有多大的发展，假如晚年能与李清照相伴，那这一辈子就算是没有虚度了，自己一定会好好照顾李清照。说着说着，张汝舟还哽咽起来。

张汝舟的话让李远心中的疑惑散去，十分感动，他没有想到，姐姐已经到了如此境地，还有这样一个人真心追求，没有丝毫嫌弃之心。姐夫赵明诚去世已经快三年时间了，看姐姐的样子，似乎还无法从悲伤的状态中走出，这样下去不是办法。相反，如果能与张汝舟再结连理，应该会比现在生活得更幸福吧。李远没有立刻答应张汝舟，不过他表示，等姐姐病好以后，自己会尽力劝她。张汝舟非常高兴，千恩万谢地走了。

过了一段时间，李清照的病势终于开始好转，而李远也找机

再嫁起风波，一别两宽

会告诉了她这个消息，希望她能答应张汝舟的求婚。李清照听完后，很是吃惊，也有些感动，但她心里仍始终惦念着亡夫赵明诚，本能地予以拒绝。可是，李迒却一直劝她，说如果有这样一个真心实意的人照顾她，即使不能相爱相知，至少不会老无所依、多愁多病了。

弟弟的苦心让李清照不能不放在心上，但对赵明诚的爱，又让她不愿意再接受别的男人。就在她犹豫不决、不知如何是好的时候，张汝舟又托媒人上门说亲了。媒人一上来就将张汝舟夸了个天花乱坠，又不断向李清照分析各种现实状况，似乎李清照不答应，她就不会住口。

李清照在心里无奈地叹了一口气，想到弟弟的苦心，想到那个素昧平生的张汝舟，想到自己的悲惨命运，想到《金石录》的整理和校勘工作尚未完成，也想到未来漫长而不可预知的日子。有这样一个值得信赖的人共度余生，虽然不会有和赵明诚相伴时的那些爱与快乐，但毕竟也算是有了一个伴。爱是没有了，但生活却总得继续。大病初愈的李清照没有力气再想下去了，这一刻女性柔弱的一面显露无遗，急迫之间，她在犹豫不决中答应了媒人的说亲，只是在心里默默地说了一句："明诚，对不起！"

　　媒人走后，李清照便整天卧床休养。之前，她总是想着尽快挺过病痛，可现在，她却不愿意那么快就好了，说到底，她还是不愿意再嫁。然而，张汝舟却很热情，似乎一天都不愿意多等，在李清照的病还没有彻底痊愈的时候，就不断要求结婚，并表示，自己没有什么牵挂，结婚后，正好可以一心照顾李清照。无奈之下，李清照只好同意了他的求婚。

　　那么，张汝舟为什么会这么着急呢？他是真的倾慕、深爱着李清照吗？

再嫁起风波，一别两宽

子系中山狼 >>>

公元 1132 年，李清照在媒人的撮合下，再嫁张汝舟。寡妇再嫁，宋代法律并小禁止，《宋刑统》只规定居夫丧（二十七个月）期间不得再嫁，服完夫丧即可免除这种限制。李清照再嫁的时间大约在这一年的四五月间，虽然距赵明诚之死还没有满三年，但却已超过二十七个月，可以不受处罚。但是，作为宰相之媳、学士之女和声名颇显的女词人，其再嫁仍不免引起当时文人的讥议。

更加可悲的是，李清照遇人不淑，张汝舟并非真心追求、迎娶她，之前的一切都是做戏，事实上，他是个彻头彻尾的小人，与李清照结婚，目的就是骗取赵明诚留下的金石书画等遗物。

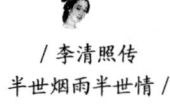

　　张汝舟的确早就听闻过李清照的才女之名，对她的词作也颇为熟悉，因为李清照成名较早，在汴京时，便是"文章落纸，人争传之"的著名女词人。然而，张汝舟之所以求婚并着急迎娶李清照，却并非倾慕她的才华，同情她的遭遇，而是因为张汝舟早就听说过赵明诚与李清照金石收藏大家的声名，认定他们两人穷尽大半生去收藏整理，肯定是库存甚丰。张汝舟只不过是觊觎李清照手上的珍藏，认为赵明诚去世后，李清照孤苦无依，又长时间颠沛流离，正是自己乘虚而入的好机会。所谓的倾慕，所谓的关心，所谓的婚姻，都是为了抢夺这些金石收藏，这只是场骗局。

　　"子系中山狼，得志便猖狂"，将李清照娶到手后，张汝舟很快就暴露出自己的真实意图，开始向李清照索要宝物。在张汝舟看来，你既然嫁给我了，连你的人都是我的，你所收藏的金石文物自然也就是我的了。按照李清照当时的处境，如果换作别的女性，大概会选择"嫁鸡随鸡，嫁狗随狗"，投张汝舟所好，给他想要的金石文物，换得自身的安全和依靠，然后了此残生。但李清照之所以是李清照，就是因为她不同于同时代其他女性的独立人格，何况，李清照将那些所剩不多的金石文物视若生命，根本不可能给别人。因此，张汝舟的要求遭到李清照的断然拒绝。

再嫁起风波，一别两宽

不久，张汝舟就发现，李清照现在所拥有的金石文物并不像外界所传的那么多，在经过多番劫难后，已经所剩无几，而且不可能给自己。恼羞成怒之下，张汝舟开始脱下伪装，暴露出豺狼面目，不仅对李清照恶语相向，甚至拳脚相加，想要以暴力逼迫李清照就范。

可怜的李清照大病初愈，如何能经受这般虐待？她认识到，要想结束这一切，就必须尽早地离开张汝舟，但这并不是一件容易的事情，在夫权至上的封建社会，法律是不保护遭受家暴的女子的；丈夫打妻子，在外人和官府看来，只是家务事而已，一般是不会理睬的。宋朝律法允许夫妻协议离婚，并不用承担法律责罚，却不允许女性主动要求解除婚约。李清照遭受的痛苦一天比一天深，心中无比后悔，最后实在忍无可忍，只有向自己的弟弟李迒求救。看到姐姐的遭遇，李迒也陷入深深的自责中，如果不是自己过于轻信，也就不会亲手将姐姐推进火坑。另一方面，他又无法相信，一个进士出身的文人怎么会有粗鄙和暴力的行为，于是，他赶紧去查这个张汝舟的老底。

不查不要紧，一查之下，他才发现这个张汝舟根本就是个大骗子。他不仅骗了李清照，还骗了整个宋朝的官员制度。

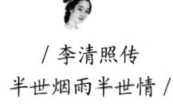

　　原来，宋朝官员的升职考核极其严格，有一整套的制度，不仅要求有足够的任职资历和能力，还要有一定数额的举荐人，这个举荐人在当时有个术语，叫"举主"。尤其是官员初次候选进入官场，或者从一般的散官进入真正的职事官，又或者由"外任"转为"京官"，在这三个关键关口上，要求非常严格。此外，对每个"举主"所能举荐官员的次数也有限制，"举主"和被举荐人之间，还存在一种类似"连坐"的关系。这就使得"举主"对于自己的举荐权十分重视，不会轻易使用，而那些在能力、品德或者行为上有问题的"选人"，往往是无法得到一定数额"举主"的推荐的，也就无法滥竽充数，混进宋朝的官员体系中。张汝舟的欺骗行为，就发生在他由"外任"转"京官"的关口。李远调查后发现，张汝舟在转京官时呈报的材料上的"举主"人数，与他真正得到的"举主"人数相差很大，张汝舟是利用战乱时期监察人员疏于细查的漏洞，不合法地窜进了官场。根据规定，这些荐举人都必须填写举荐表以备审查，李远利用自己在敕令所删定官位置上的便利，最终彻底揭开了张汝舟骗官的恶劣行径。

宁为玉碎 >>>

　　李清照这样一个个性鲜明、爱憎分明、情趣高雅、心存美好的女性，自然是不可能向张汝舟这种小人妥协的，与其如此，她宁肯离异后一个人终老。得知李远的调查结果后，李清照在因为被欺骗而极为愤怒的同时，也感觉到自己离摆脱这场不幸的婚姻不远了。在弟弟李远的帮助下，她搜集了足够的证据，直接向官府告发张汝舟舞弊之罪，并诉讼要求离婚。

　　在宋代，妻子首告丈夫，违背了"亲亲相隐"的儒家礼教。《宋刑统》延续《唐律》的规定，将这一行为列入"十恶"之"不睦"，予以严厉处罚。北宋仁宗时期，开封府曾发生一起案件，有个男

/ 李清照传
半世烟雨半世情 /

人让妻子去偷摘邻居的瓜果，妻子不从，男人就以刀相威胁，妻子很害怕，就到官府告发了丈夫，结果，官府竟然判处妻子流放千里，男人却无罪释放。所以说，李清照告发张汝舟，是抱着"宁为玉碎，不为瓦全"的决心的。

据说，李清照告发张汝舟一案还惊动了宋高宗赵构，宋高宗责令监察部门严查。结果是，张汝舟被认定犯了入仕履历造假之罪，按照《宋刑统》有关诈官的规定，除名编管柳州。按照当时的律法，李清照顺利地与张汝舟解除了婚姻关系。

告发张汝舟之后，李清照自己也因为"不睦"之罪被羁押在了大理寺监牢听候审理。南渡以后，李清照虽然饱受颠沛流离之苦，但总比监狱里面好，现在身陷囹圄，出身显赫的她哪里吃得了这样的苦，时间长了，肯定会出大问题，被折磨致死或者自尽都是有可能的。幸好李清照的亲戚、翰林学士綦崇礼出面帮她疏通，而且她自己在南宋文坛又有很大的名气，入狱九天后得以释放，侥幸脱难。

李清照虽然以勇敢的行动摆脱了可怕的婚姻，也保住了赵明诚和她的半生心血，但她的生活却也因此蒙上了一层阴影，当时舆论几乎都站在了她的对立面。文人们大多以"无检操""不终晚

再嫁起风波，一别两宽

节""晚节流荡无归"对她口诛笔伐。

事实上，在宋代，寡妇再嫁并不少见。虽然由大理学家程颐提出的"饿死事小，失节事大"在当时是主流伦理观点，但具体到现实生活中，往往不是那么一回事。比如，程颐的父亲程珦的外甥女就再嫁过，程珦不仅支持，还亲自操办了这件事。后来，程颐在为他父亲立传时，还专门记载了此事，并对父亲的行为大加赞扬。

那么，为什么这样一个并不少见的事情，落到李清照身上时，会受到人们的非议和攻击呢？

首先，在当时大多数文人看来，李清照无论是诗词文章，还是为人处世，都太过特立独行，凡事喜欢标新立异，对男性占绝对主导地位的文坛也缺乏足够的尊重，她在《词论》中对宋词名家的批评就是最好的例子。爱憎分明，敢想敢做，有抱负，有担当，这在现代人看来是女性最大的优点，但在要求"女子无才便是德"的儒家传统中，这样的李清照显得格格不入，自然容易招致文人们的不满和攻击。

其次，李清照前半生和后半生的差距太大了。前半生的李清照，就像现代童话中的公主，出身书香世家，才华横溢，少年时

/ 李清照传
半世烟雨半世情 /

期就赢得极大才名，待到结婚，又嫁得赵明诚这样的如意郎君，天下所有女人对幸福的想象，都可以集中在她的身上。而后半生，则中年丧夫，颠沛流离，饱受心理创伤，又经历了张汝舟的骗婚，实在是惨到了极点。所以，也就很容易成为人们关注的焦点。再加上宋高宗赵构的介入，最终就成了一场街谈巷议的热点事件。

名节对于李清照这样清傲的女子来说自然也是非常重要的，在她写给翰林学士綦崇礼的答谢信中说："清照敢不省过知惭，扪心识愧。责全责智，已难逃万世之讥；败德败名，何以见中朝之士。虽南山之竹，岂能穷多口之谈；惟智者之言，可以止无根之谤。"面对人们的毁谤，品德和声名全都被败坏，李清照无力堵住众人的悠悠之口，她的辩解也没有多少人去听，无奈之中，只有请綦崇礼这样的才德兼备之人为她出面，制止不断传播的流言，还她以清白。

事实上，从当时李清照的处境看，选择再婚，纯粹是迫于生计与安全问题。作为一个寡妇，在兵荒马乱的世界里，好好活下来就已经很难，更不用说保护丈夫留下的大量财产了。赵明诚去世后，他们留下来的金石书画不断流失就是李清照当时步履维艰的明证。

这场再婚风波也从很多方面证明了李清照的人格何等光明磊落！其爱情观、道德观、价值观又是何等先进、超前！陈寅恪先生在《论再生缘》一文中，开头就说《再生缘》的作者、清代著名女诗人陈端生有"独立之精神，自由之思想"，其实李清照更当得起这十字考语。她敢于突破封建礼教，选择再嫁，已属难能；在惨遭家暴之后，又懂得利用法律，捍卫自己的利益，更是了不起，是一个超越了时代的女性独立人格的典范。即使现在看来，比起诸多遭受家暴却依然选择忍受的女性，李清照的行为也堪称楷模。

再嫁疑云 >>>

李清照从嫁给张汝舟到离婚，前后时间不足百天，但在后代文人中却引起长时间的讨论，甚至关于她是否曾经再嫁也成了历代学术界的一个争议话题。

对于李清照的"再嫁"，肯定观点多出自南宋学者的记载，其中有几位还是与李清照同时期的人物，其中最有力的证据是南宋人赵彦卫《云麓漫钞》卷十四中收录的李清照写的一封信《上内翰綦公（崇礼）启》，这封信大约写于公元 1133 年之后，信中断断续续、隐隐约约地讲了这样一段自身的经历。除此以外，还有七八种当时南宋人的著述提及此事，如胡仔的《苕溪渔隐丛话》

再嫁起风波，一别两宽

说李清照"再适张汝舟，未几反目，有启事与綦处厚云：'猥以桑榆之晚景，配兹驵侩之下材'，传者无不笑之。"王灼的《碧鸡漫志》也说她"再嫁某氏，讼而离之，晚节流荡无归"。朱彧的《萍洲可谈》中说李清照"不晚终节，流落以死，天独厚其才而啬其遇，惜哉"。还有晁公武的《郡斋读书志》说她"然无节操，晚节流落江湖间以卒"。南宋著名史学家李心传的《建炎以来系年要录》也记载了此事。以上这些文献记载多成于李清照生前和死后不久，可信度是非常之高的。而且，从目前能查阅到的文献看，在整个南宋，都没有人怀疑李清照改嫁的真实性。

但是，自明、清起，开始有不少文人学者为李清照"辩诬"，认为她并未改嫁。最先对李清照改嫁一事提出质疑的是明代学者徐勃。他的理由主要是两点：一是在南逃过程中，李清照的财产已经损失十之八九，张汝舟如果真的是市侩之徒，应该不会追求如此年纪又没有多少财产的女性。二是宋代官宦出身的女性，接受过良好的封建教育，一般不会选择改嫁，所以改嫁之事不可信。徐勃的观点现在看来自然是站不住脚的，但随着李清照词作越来越受到人们的喜爱，这个观点还是掀起了为李清照"辩诬"的风潮。尤其到了清代，为李清照改嫁"辩诬"的更多。比如，康熙年间

的学者卢见曾根据李清照与丈夫赵明诚生死不渝的真挚感情，夫妇二人志趣相投、同研金石的爱情佳话，以及李清照对《金石录》百般爱护等相关史实，推断改嫁之事绝不可能发生。在雅雨堂本《金石录》中，卢见曾这样感叹道："清照曾经丧乱，犹复爱惜丈夫留下的一二不全卷轴，如见故人一般。其眷恋明诚若是，安有一旦相忍背负之理？"乾隆年间的学者俞正燮在《易安居士事辑》中，采用史家编年的方法排比时间，指出南宋人著作记载的不可靠，比如，《建炎以来系年要录》的作者李心传，其所居住之地与李清照远隔千里，他的记录很可能是以讹传讹的结果。

在南宋基本已经板上钉钉的事情，到了明清之际，为何会被这么多人否定呢？其实，其中的原因很容易解释。众所周知，"理学"虽然发源于两宋，但到了明清时期，才开始真正统治着人们的思想。此时，"饿死事小，失节事大"等理学伦理观点，才真正深入现实生活中，在思想深处为人们所接受。对于李清照这样一个大名鼎鼎的才女，那些"理学"控制下的文人学者们自然不愿意承认她"变节再嫁"，否则，就会给当时的女人们树立一个"坏榜样"。

明清文人的否定，又引起了近现代学者的大讨论。有学者考证了李清照与张汝舟在赵明诚死后的行踪，结论是两人的踪迹各

| 第五章 |
再嫁起风波，一别两宽

在一方，相隔遥远，不可能有婚配之事，还有学者提出赵汝舟"强迫李清照同居"的观点，认为李清照并未改嫁，只是被赵汝舟所逼迫……

如此种种，不一而足。但总的来说，还是"改嫁说"占据主流，得到了更多学者的认可，这也是我们上文采取改嫁说的缘由。

不过，无论改嫁与否，结果都不影响李清照的地位和其在世人心目中的形象，如我们前文所说，她在婚姻上的爱憎鲜明、行为果断、态度坚定，为摆脱痛苦生活而敢作敢当的精神，也都是值得赞扬的。从这个层面讲，李清照不仅仅是位杰出的女词人，更是位超越时代的伟大女性。

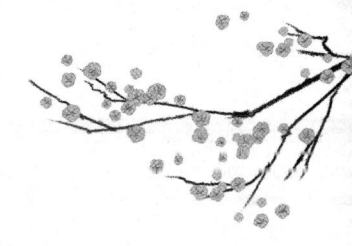

烟花易冷，花落人亡

　　人生天地之间，若白驹过隙，忽然而已。无论浮生如何灿烂或者悲伤，最终都不可避免走向凋谢。晚年的李清照，在无尽的落寞与凄楚中走向了人生的终点。然而，她那怒放的生命，以及那些足以穿越时光的词作，都将如青莲般永远盛开在历史的长河之中，为天下有情人所念念不忘。

/ 李清照传
半世烟雨半世情 /

直欲压倒须眉 >>>

　　尽管经历了一场再嫁非人、离异入狱的大灾难，但是，李清照的意志并没有就此消沉下去，在诗词创作上的热情反而更加高涨。她很快就从个人的痛苦境遇中解脱了出来，将眼光投入到对国家和民众的关注上。

　　南渡以后，无论是颠沛流离，还是有难得的安稳，李清照都没有一刻忘记故土，其忧国忧民之心不亚于任何一名男子，这在那个时代是极为难得的。李清照的爱国之心从一件事上就能得到佐证：李清照是大词人众所周知，秦桧是大奸臣、大卖国贼，这也是共识，但这两个生活于同一时代的人竟然还是亲戚，恐怕就

138

|第六章|
烟花易冷，花落人亡

没多少人知道了。原来，李清照与秦桧的夫人王氏是表姐妹，少时也有个错的情谊。当然，对于秦桧的卖国行径，李清照深以为耻，从不承认有这种亲戚，南渡后也从不曾与秦桧夫妇来往，即使是生活最困难甚至是身陷囹圄的时候，也都没有求过秦家一句。

在诗文词作中，李清照的爱国之心也有集中的体现。公元1133年，宋高宗心血来潮，竟然提出派使者赴金国看望被关押的宋徽宗、宋钦宗，并借此与金国议和。看望徽、钦二宗，本是件令人鼓舞的好事情，可满朝文武却没有一人敢领这个使命，关键时刻，吏部侍郎韩肖胄和给事中胡松年毛遂自荐，向宋高宗请命。高宗大喜之下，封韩肖胄为端明殿学士、同签书枢密院事，奉命出使金国，封胡松年为工部尚书，担任韩肖胄的副使。时刻关心着国事的李清照得知消息后，心潮激荡，满怀豪情地写下了古体、律诗各一首赞颂韩肖胄、胡松年的英雄之举。

这两首题为《上枢密韩公、工部尚书胡公》的诗前有段小序。

绍兴癸丑五月，枢密韩公、工部尚书胡公使虏，通两宫也。有易安室者，父祖皆出韩公门下，今家世沦替，子姓寒微，不敢望公之车尘。又贫病，但神明未衰弱。见此大号令，不能妄言，作古、

139

律诗各一章，以寄区区之意，以待采诗者云。

韩肖胄的曾祖父韩琦是北宋名相，曾在北宋仁宗、英宗、神宗三朝执政，祖父韩忠彦也曾担任北宋哲宗、徽宗两朝的宰相，李清照的祖父、父亲都曾得到过他们的赏识和提携，所以，李清照和韩肖胄可以说是世交。李清照在这段小序中说，尽管她知道韩家对李家的恩德，但李家现在家道衰落，自己也只是一个贫病交加的寡妇，不敢贸然前去送行，但听说了朝廷有这样的大事情，心中又涌起强烈的情感冲动，不吐不快，所以作两首诗来表达自己心中对国家的爱和对韩、胡两人的敬重。

在诗中，李清照讽刺了南宋统治者偏安一隅、奴颜婢膝的丑陋面孔，其中有句曰："土地非所惜，玉帛如尘泥。谁当可将命，币厚辞益卑。"这里用的是反语，宋高宗赵构在派遣使者去金国时曾说过这样一番话："卿等此行，不须与人计较言语，卑辞厚礼，岁币、岁贡之类不须较。"两相对比，不难发现，李清照所讥讽的正是赵构亲口所讲的奴颜婢膝以求和之意，表现了她非同寻常的见识和胆量，清代学者李调元在《雨村词话》中评价李清照"不徒俯视巾帼，直欲压倒须眉"，可谓入情入理，绝非虚言。

|第六章|

烟花易冷，花落人亡

李清照高度赞扬了肖、胡二人，认为他们是众人的榜样："身为百夫特，行足万人帅"，"胡公清德人所难，谋同德协心志安"。同时，也对二人的此次出使寄予厚望："愿奉天地灵，愿奉宗庙威"，"想见皇华过二京，壶浆夹道万人迎"。对于敌人的凶残，李清照也有着清醒的认识："夷虏从来性虎狼。"不仅如此，针对敌人的凶残，她还指出了正确的斗争策略："不虞预备庸何伤。"对象征国家主权和尊严的京都汴京，她寄托了一片深情："连昌宫里桃应在，华萼楼前鹊定惊。"

在诗中，李清照还呼吁南宋统治者以沦陷区的广大人民为念，顺应民心，鼓起勇气，收复失地，而不要将希望寄托在向侵略者摇尾乞怜，以此获取苟且偷生的机会，她说："但说帝心怜赤子，须知天意念苍生。圣君大信明如日，长乱何须在屡盟。"对于黎民百姓所受之苦，李清照心怀恻隐，联系到自己身如浮萍，深受其害，更是悲叹不已："不乞隋珠与和璧。只乞乡关新信息。""子孙南渡今几年，飘零遂与流人伍。"

诗中的"欲将血泪寄山河，去洒东山一抔土"尤其感人肺腑，表达了李清照反击侵略、收复失地的强烈愿望，充满了爱国主义情怀，历来为人们所传颂。

公元 1134 年，金兵悍然南犯，宋高宗再次弃都而逃，李清照则流亡到金华避难。宋高宗的软弱、朝廷的无能让她满腔悲愤，当有人请她去双溪泛舟时，她借此写下了晚年的代表作之一《武陵春·风住尘香花已尽》。

风住尘香花已尽，日晚倦梳头。物是人非事事休，欲语泪先流。

闻说双溪春尚好，也拟泛轻舟。只恐双溪舴艋舟，载不动许多愁。

这首词的上阕首句"风住尘香花已尽"交代的是季节特征，花儿零落殆尽，唯有泥土中还残留些花的香气，表明已经是暮春时节。"日晚倦梳头"是通过天色已晚仍无心梳洗来表达词人内心的忧愁。接着，词人指出忧愁的原因和程度："物是人非事事休，欲语泪先流。"花开花落，年年如此，可人却已经大不一样了，在经历过国破、家亡、夫死等种种悲惨经历后，词人对一切都丧失了兴趣，即使想要诉说内心的忧愁，也是言未出已泪先流，这显然要比声泪俱下的描写更深入了一层。词人的悲哀是无法触摸的，不但不能说，而且不能想，一想就会泪如雨下。在这里，词人是利用外在的行为具体地表达了她内心的忧愁之重。

词的下阕写道："闻说双溪春尚好，也拟泛轻舟。"听人说双溪春色美好，词人也曾产生了去那里泛舟的想法，但她想去双溪泛舟并不是贪恋美景、游赏心切，而是想要寻找一个消除忧愁的去处。但是，很快词人又否定了自己的计划，为什么呢？"只恐双溪舴艋舟，载不动许多愁"，是因为担心双溪上那舴艋般的小船载不动自己内心深重的哀愁。以往，人们总是将忧愁比作连绵不断的流水，而词人却别出心裁，用夸张的手法形容自己的忧愁之重连船都承载不动，像这样的艺术构思和表现手法，即使现在看来，依然是很新颖的，所以，此句历来也被词论家们所称道。

在这首词中，李清照不仅表达了个人的愁情，也从侧面描写了时代的悲哀，反映了兵荒马乱的岁月中人们共有的离情别绪，一经问世，便广为传颂。所以，这首词不仅具有极高的艺术审美价值，也饱含着深刻的社会意义，体现了李清照的忧国忧民之心。

公元 1135 年的春夏之交，李清照登上了浙江金华的风景名胜八咏楼，赋诗一首。

千古风流八咏楼，江山留与后人愁。

水通南国三千里，气压江城十四州。

——《题八咏楼》

　　登上见证了江南千古风流的八咏楼，面对壮丽多姿的祖国山河，诗人不由得感慨万千，发出长叹：如此壮丽的山河和悠久的文明，现在给人带来的却不是自豪，而是深沉的愁与恨。面对随时可能被金人侵略的土地，今人真是愧对后代子孙。诗人浑厚的情感与开阔的胸襟很容易使人联想起当年登上岳阳楼的杜甫。在"吴楚东南坼，乾坤日夜浮"的洞庭景象前，杜甫百感交集，"凭轩涕泗流"。在诗的意境上，不难看出，李清照和杜甫一样，具有忧国忧民的博大胸怀。

　　李清照晚年所作的《永遇乐·落日熔金》也是一首爱国名作。

　　落日熔金，暮云合璧，人在何处？染柳烟浓，吹梅笛怨，春意知几许？元宵佳节，融和天气，次第岂无风雨？来相召，香车宝马，谢他酒朋诗侣。

　　中州盛日，闺门多暇，记得偏重三五。铺翠冠儿，捻金雪柳，簇带争济楚。如今憔悴，风鬟霜鬓，怕见夜间出去。不如向，帘

|第六章|
烟花易冷，花落人亡

儿底下，听人笑语。

　　这首词的创作背景通过上阕的内容不难得出：某一年的元宵佳节，词人心情低落，不愿与来邀请她的朋友出去游玩，宁肯待在家里，听听别人家的笑语，寂寞地度过节日。而整个杭州城内，张灯结彩，一片歌舞升平的"繁荣"景象，两相对比之下，对故国的思念之情油然而生。在词的下阕中，通过今昔盛衰的细微对比，词人以十分深沉的感情将对故国的思念与自己的悲剧联系起来，细细地咀嚼着国破家亡的苦涩悲哀，并含蓄地表达了对南宋统治者苟且偷安的不满。

　　这首《永遇乐·落日熔金》并没有直接反映现实和抨击南宋统治者，但它所表现出来的那种伤感、凄楚、苦痛的心境，却反映了当时饱受颠沛流离之苦的人们的切身感受，很大程度上代表了当时人们对和平安宁的怀念和向往，委婉地表达了李清照那种深沉的爱国情怀。无怪乎南宋末年著名爱国词人刘辰翁每每读到这首《永遇乐·落日熔金》时，就"为之涕下"，甚至"辄不自堪"。由此可见，这首词作产生了多么深挚的跨时空的爱国效应。在阅读这首词时，可以和李清照的一些慷慨悲壮、直抒胸臆的作品，

/ 李清照传

半世烟雨半世情 /

如"生当作人杰，死亦为鬼雄"等联系起来阅读，如此，对于词中所饱含的思想感情，就会有更深一层的理解。

烟花易冷，花落人亡

我在回忆里等你 >>>

　　李清照晚年生活的一个主要内容是回忆，回忆亡夫赵明诚，
回忆他们夫妻曾经在一起的美好岁月。回到现实，则只有她孤身
一人独守空闺，在无限的孤独中陪伴她的只有浓重的哀愁。越是
孤独，越是哀愁，就越喜欢回忆。怀着对于曾经美好生活的追思
与回忆，李清照的心中总是渴望能够再一次点燃她和赵明诚的爱
情火焰。那么，如何点燃呢？自然是用自己的笔寄托哀思，在文
字塑造的回忆中等候与赵明诚再次重逢。

　　芳草池塘，绿阴庭院，晚晴寒透窗纱。玉钩金锁，管是客来吵。

寂寞尊前席上，惟愁海角天涯。能留否？酴醾落尽，犹赖有梨花。

当年曾胜赏，生香熏袖，活火分茶。极目犹龙骄马，流水轻车。不怕风狂雨骤，恰才称、煮酒残花。如今也，不成怀抱，得似旧时那。

——《转调满庭芳·芳草池塘》

这首词通过回忆当年的"胜赏"，将过往的美好生活和今日的凄凉处境做对比，寄托对亡夫的怀念，感叹自身命运的浮沉。

词的上半阕采用写实的手法，"芳草池塘，绿阴庭院，晚晴寒透窗纱"，寥寥三句，简单却唯美地交代了时间和地点：某个春天的傍晚时分，在一个温馨的庭院，一缕夕阳透过窗纱，一个孤独的老人静静地坐着，就像一株长在春光里的植物。

"玉钩金锁，管是客来吵"，这两句读来有些奇怪。或许是真的有客来访，也可能是孤独的老人因为对朋友的期待而产生幻觉，恍然间一点风吹草动，让她误以为有客来访。

"寂寞尊前席上，惟愁海角天涯。能留否？"这里描述的宴席的热闹是想象还是真实并不重要，都无法掩盖词人内心的寂寞。去国怀乡，连繁华的临安城在她看来都是遥不可及的海角天涯，留得住她的人，却留不住她的心。一切过往美好都不可抗地逝去

烟花易冷，花落人亡

了，词人带着怜惜，还有几分乞求，问春"能留否"，酴醾落尽的话，那还能留梨花吗？

一切美好事物的逝去，都带着悲剧色彩。就连最狂热最坚贞的爱情，也只能在回忆中追寻。"当年曾胜赏，生香熏袖，活火分茶。"踏雪觅诗、赌书泼茶、熏香饮酒都是雅事，和有情人在一起，都是至乐；犹龙骄马，流水轻车，每一天都是节日；哪怕是狂风暴雨，也可以煮着残酒欣赏风雨过后的残花。然而，这一切都成了曾经，都成了渺不可及的回忆，尤其是已经阴阳两隔的故人。这让如今的词人，再到哪里寻找旧时的怀抱。

天上星河转，人间帘幕垂。凉生枕簟泪痕滋，起解罗衣聊问夜何其？

翠贴莲蓬小，金销藕叶稀。旧时天气旧时衣，只有情怀不似旧家时。

——《南歌子·天上星河转》

这首词是回忆夫妻两人新婚宴尔、两情相悦的情形，"笑语檀郎：今夜纱厨枕簟凉"，那时是何等的甜蜜，何等的郎情妾意！可

现在"枕簟"虽然依旧"凉",但却只能"泪痕滋"。此时的"凉"已非彼时的凉爽,而是代表一种逼人的寒气,词人的心境与新婚宴尔时已经大相径庭,两首词两相对比,更令人产生不胜哀怜、悲悯和叹惋之情。

词的上阕首先描绘了夜深人静、秋寒夜泣的情形,营造了悲怆的词境。接着用"起解罗衣"来引发下阕的睹物兴叹,水到渠成,自然而然。下阕首先写罗衣的花纹,不仅写得细致精巧,而且与秋色、心境相得益彰。"莲"谐音"怜","藕"谐音"偶",以此来表达词人所引起的感触。最后两句是直抒胸臆,以旧时的衣物来衬托非旧时的情怀,悲怆之情,入木三分。三个"旧"字的运用不仅没有累赘感,而且更好地表现了"同中之异",有强烈的对比和层进作用。

(世人作梅词,下笔便俗。予试作一篇,乃知前言不妄耳。)

藤床纸帐朝眠起,说不尽、无佳思。沉香断续玉炉寒,伴我情怀如水。笛声三弄,梅心惊破,多少春情意。

小风疏雨萧萧地,又催下、千行泪。吹箫人去玉楼空,肠断与谁同倚。一枝折得,人间天上,没个人堪寄。

——《孤雁儿·藤床纸帐朝眠起》

这首词起句开门见山，倾诉寡居的痛苦，然后进一步描写自己凄苦的情绪。"沉香断续玉炉寒"，是说室内再无他人，唯有时断时续的香烟以及放香烟的玉炉陪伴着自己。一个"寒"字更是突出了环境的凄冷与词人心境的悲苦。就在词人暗自伤感之时，窗外突然传来一阵阵悠扬的乐曲，使她情绪为之昂扬。"梅心惊破"四字，不仅说明了词人在语言运用上匠心独运，也显示出她在感情上被激起一丝波澜，虽然没有明说，但无疑这是对亡夫赵明诚的思念引起的。正是因为有了这一丝波澜，就自然而然地过渡到下阕。

下阕正面描写对亡夫的思念之情，词境虽悲苦，但意境反而营造得更加高妙。"小风疏雨"两句，将外在环境与内心感情融为一体。"吹箫人去玉楼空，肠断与谁同倚"，则是用秦穆公女儿弄玉与其夫萧史的典故点明主旨，意在怀念丈夫。斯人早已逝去，纵有良辰美景，更与何人说呢？词人回想起当年与丈夫踏雪寻诗的情景，怎能不为之怆然。这首词的结尾三句化用的是南朝诗人陆凯赠梅与范晔的故事，表达了深重的哀思。陆凯当年因为思念远在千里之外的友人范晔，故而折下梅花赋诗以赠。可是词人如今即便折下梅花，这世间，又哪还有人可供寄赠？"人间天上，

没个人堪寄”，写尽了寻之不得的怅然若失之感。全词到此戛然而止，而词人写出来的哀音，却犹自令人回味无穷。

"金石"未了事 >>>

晚年李清照的心境虽然凄苦，但在与张汝舟离婚后，其生活还算稳定，除了写词之外，她生活的另一项重要内容是完成《金石录》的未了之事，也就是整理和校勘的工作。在这个工作过程中，一次次翻看自己"如护头目"般珍藏的赵明诚手书的《金石录》，李清照不免又不断想起明诚那熟悉的面容，抚摸那些熟悉的字迹，就如同抚摸明诚熟悉的肌肤，这份工作是李清照晚年最感到安心和幸福的事情。有的时候，她似乎觉得明诚就坐在对面，默默地关注着自己的工作进展，深情地凝视着自己。有的时候，遇上考校的难题，她甚至会不由自主张口想要同明诚探讨，等醒悟过来，

/李清照传
半世烟雨半世情 /

看到空寂的居室，不免苦笑与叹息。深爱的人已经早早离开了这纷乱的世界，只留下自己与这孤苦寂冷的日子做伴。过去，是再也回不去了，自己能做的事情，也已经不多。做完之后，又如何面对那不知何时结束的等待。

《金石录》整理和校勘工作很快就完毕了，对九泉之下的亡夫总算有了一个交代，李清照长舒了一口气，写了一篇后序，附在了《金石录》正文的后面。

《金石录后序》可以说是晚年李清照的一篇回忆性散文，是研究李清照生平的一手资料，是李清照个人生活、家庭背景及她所处的那个动荡时代的真实反映。

李清照创作《金石录后序》时，赵明诚已亡五载，李清照个人生活又几经曲折，其中大死改嫁，结果遇人不淑，与丈夫共同收藏的文物不是失于战火，就是遇贼遇盗，存之无十之二三。在长时间的颠沛流离之中，李清照目睹了这些历经艰辛收集的文物不断流失，不由感慨这些文物得之艰而失之易。

看着已经完成的《金石录》，回忆夫妻二人当年收藏的点点滴滴，那些甜蜜、快乐、痛苦、磨难都是那么值得回忆和珍惜，如果不用文字记录下来，这本《金石录》就还是不完整的。但是，

烟花易冷，花落人亡

因为赵明诚在生前就为《金石录》作过序了，列于书首，并请好友清河县刘跂写了后序，一般人们把刘跂的后序叫《金石录刘序》，于是李清照写的这篇序只能附于书后，故称后序。

因为身份、地位和性别等因素，宋史之中并没有李清照传，因此，阅读和研究《金石录后序》，自然就是深入了解李清照最宝贵的文献资料了。

需要指出的是，同样是为《金石录》作序，李清照的《后序》，与赵明诚的自序和"刘序"大相径庭，后二者属于就书论书，只谈与《金石录》中的内容有直接关系的事，文字风格简洁平实，是比较传统的书序。而李清照的《后序》则是匠心独运，在叙事、剪裁、议论等方面与一般书序有很大不同，具有很强的文学感染力。李清照所要表达的重点是金石书画的"得之艰而失之易"，是一篇带有自传性色彩而又有极强抒情性的文学散文。其文字风格婉转曲折，简洁流畅，风格清新，辞采俊逸，是一部难得的古代散文佳作。《金石录后序》的最大特点在于一个"真"字，李清照将她对丈夫赵明诚的真挚而深婉的感情，倾注于行云流水般的文字中，娓娓动人地讲述了自己的经历和这本书的成书过程，使读者能够随着她的快乐而快乐，随着她的痛苦而痛苦，代入感极强，读罢

掩卷，不免心感戚戚然。

公元 1143 年，在完成了《金石录》的全部工作后，李清照将其进献给了南宋朝廷。大约在公元 1156 年，《金石录》正式推出，这部作品受到理学宗师朱熹的大力称赞，认为不仅有很高的学术价值，而且文字水平也非常高。朱熹想当然地认为这是赵明诚的文笔高超所致，却不知，整部《金石录》里，付出心血最多的是李清照，正是在李清照十数年如一日的努力下，这本爱情结晶才得以顺利问世。

公元 1144 年，李清照六十岁，因为将《金石录》进献朝廷，再加上她的词作已经开始广泛流传，她的名气在整个南宋愈发的高了。而对于爱情，晚年李清照已经犹如一口枯井，没有再起丝毫波澜。

《打马赋》中有深意 >>>

写诗填词，饮酒品茶，搜集鉴赏金石书画，这是李清照一生的主要爱好，除此之外，很多人不知道的是，李清照还痴迷于博弈游戏。

古代的文人骚客，无论男女，一般都会对一种或几种东西极为痴迷。李清照对博弈游戏的痴迷程度和其中所体现出来巾帼豪气同样有"压倒须眉"之势。对于博弈游戏，李清照还曾专门写书介绍，关于打马，就有两篇文章比较出名，一篇题为《打马赋》，一篇则叫作《打马图经序》。"打马"是当时社会上十分流行的一种博弈游戏，李清照对此酷爱无比，不仅专门为之写文章，还配

以形象的图片说明，对"打马"的规则做了详细的说明。

在为《打马图经》写的序言中，李清照声情并茂地讲述了自己对博弈游戏的痴迷："我生来就喜欢博弈游戏，只要是博弈，我就很容易沉迷其中，为此经常废寝忘食。不过，我赌了一辈子，无论赌注大小，逢赌必赢，这是什么原因呢？不过是因为我玩得精而已。"

靖康之变后，李清照于江南之地颠沛流离，尽管博弈游戏的用具都已经丢失，但在心里却从没有放下这个爱好。处境稍微安适一些，舍舟车而见城市楼阁，就会立刻想起"博弈之事"。这样痴迷和坦然的态度，令许多经常出入于赌场的男性都自叹不如。令人惊叹的是，李清照博弈技艺之精着实已经达到炉火纯青的地步，无论赌注多少，都没有过输钱的经历。这听起来似乎有点不可思议，其缘由不仅如她所说是"玩得精"，其运气应该也是极佳的。尤为重要的是，李清照不仅酷爱博弈游戏，而且对博弈文化也深有研究，对博弈的源流和发展变化都极为熟悉，对各种博弈游戏的技巧更是了如指掌。在《打马图经序》中，她这样写道："长行、叶子、博塞、弹棋（各种博戏名，下同），世无传者。打揭、大小、猪窝、族鬼、胡画、数仓、赌快之类，皆鄙俚，不经见。

烟花易冷，花落人亡

藏酒、摴蒲、双蹙融、近渐废绝。选仙、加减、插关火，质鲁任命，无所施人智巧。大小象戏、弈棋，又惟可容二人。独采选、打马，特为闺房雅戏……予独爱依经马，因取其赏罚互度，每事作数语，随事附见，使儿辈图之。不独施之博徒，实足贻诸好事。使千万世后，知命辞打马，始自易安居士也。"在这段文字中，李清照自信满满地表示，千秋万代之后，那些喜欢打马的人们，千万不要忘记，这打马的规矩，是我易安居士给你们记载下来的啊！

　　和《打马图经序》相比，《打马赋》的文学价值无疑更高，是一篇极其精彩的骈文。在這篇文章中，李清照对历史上的那些关于博弈游戏的人和事，充满着无限的敬佩和向往之情："岁令云徂，卢或可呼。丁金一掷，百万十都。樽俎其陈，已行揖让之礼；主宾既醉，不有博弈者乎！……故绕床大叫，五木皆卢；沥酒一呼，六子尽赤。平生不负，遂成剑阁之师；别墅未输，已破淮淝之贼。今日岂无元子，明时不乏安石。又何必陶长沙博局之投，正当师袁彦道布帽之掷也。"这里所说的都是古代名人豪赌的典故，其中涉及的历史名人包括东晋的谢安、陶侃、桓温、袁耽和南朝宋武帝刘裕等人。如"别墅未输，已破淮淝之贼"，说的就是东晋名相谢安在淝水之战进行到关键时刻，还气定神闲地同人下围棋赌别墅的典故。

尽管倾慕谢安、陶侃等人一掷千金的豪赌经历，但女性毕竟是女性，李清照所喜爱的并不是掷骰子一类简单的博弈游戏，而是费时费事、技巧性非常强的“打马”和“采选”一类的“闺房雅戏”。这就像古时那些有闲阶层的妇女，很少喜欢“呼卢喝雉”掷骰子，而偏爱打麻将一类智力游戏一样。不难看出，李清照虽然痴迷博弈游戏，其真实目的还是在于排遣“更长烛明，奈此良夜”的寂寞与苦闷之情。

不仅如此，在《打马赋》一文中，李清照还表达了自己忧国忧民的强烈感情，寓教于乐，以博弈比喻政局，借“打马”表达自己的心志。

打马这种游戏，同象棋的原理有点类似，是排兵布阵的策略对决，李清照能寓教于乐，通篇《打马赋》写得含蓄隐晦，却充分表达了她慷慨豪迈的爱国之情。其中的“说梅止渴，稍苏奔竟之心。画饼充饥，少谢腾骧之志”，是讽刺南宋朝廷的抗金政策只是表面文章，没有任何实效。“将图实效，故临难而不回；欲报厚恩，故知机而先退”，则是讥讽南宋朝廷偏安一隅、一味求和的昏庸行为。

|第六章|

烟花易冷，花落人亡

在《打马赋》中，李清照用典甚多。她指出，三尺棋盘，其中蕴含着许多用兵策略，两军对战，除了需要具体的战术战法，还需要成熟稳定的心理素质。

"或出入用奇，有类昆阳之战"，这是说，有人走棋喜欢用奇招，就像汉代刘秀用三千精兵歼袭王莽百万雄师的昆阳之战，出奇制胜。

"或优游仗义，正如涿鹿之师"，这是说，有人走棋，成竹在胸，胜在以正压邪，就好比以前黄帝擒杀蚩尤的涿鹿之战。金人残忍暴戾，必为天理所不容，李清照坚信，南末朝廷最终一定能大胜金人，收复失地，一雪靖康之耻。

"或闻望久高，脱复庾郎之失。或声名素昧，便同痴叔之奇"，这是说，有的下棋者德高望重，受众人信赖，但也会像东晋庾郎那样多次失手而败亡；有的下棋者自身并没有什么名气，所有人都不把他当一回事，就像是晋代外表痴呆的王湛，可反倒是这样的人，往往是治国运兵的奇才。李清照认为，南宋朝廷要打败金人，收复国土，更该慧眼识英雄，起用贤才，将他们团结在一起，共赴国难，收复故土。

"今日岂无元子，明时不乏安石"，这是说，南宋并不缺乏桓

温（字元子）和谢安（字安石）这样的良将贤臣，关键就在于当权者采取什么样的态度来对待战事和这些人才了。

李清照的这些言论，审时度势，借典发论，表现出她非凡的胆识，更胜须眉一头。

在《打马赋》篇末，李清照总结了全篇的要旨：

佛狸定见卯年死，贵贼纷纷尚流徙。

满眼骅骝杂骡骈，时危安得真致此？

木兰横戈好女子，老矣谁能志千里，但愿相将过淮水。

"佛狸"是北魏太武帝拓跋焘的小名，他曾南下攻伐刘宋，后来被迫还师。有民间童谣道："虏马饮江水，佛狸死卯年。"卯年指太武帝南侵的第二年，这里泛指来年，拓跋焘在这一年被自己的宦官害死了。李清照运用此典故，是表明南宋必胜的信心，也是相信金人的侵略最终必然没有好下场。"贵贱"以下三句，既有作者感叹时艰之情，更有讽刺怯懦的南宋朝廷之意：如同棋盘上的"骅骝"等神骏，因为没有善御者而寸步难行，现实中纵然有岳飞、韩世忠等中兴大将和骁勇的士兵，但却无法充分施展才能，

烟花易冷，花落人亡

一酬壮志，才导致时局如此艰险。

最后的"木兰横戈好女子，老矣谁能志千里，但愿相将过淮水"三句是作者的自叹：花木兰跃马横戈，堪称奇女子，我虽年老体衰，已没有了那样的千里之志，但仍希望能够渡过淮水，回到家乡。乍一看，这句话并非什么豪言壮语，而仔细琢磨：作者想渡过淮水，就是想要回到被金人占领的故乡，其中的潜台词与南宋名将宗泽临死时"连呼过河者三"是一样的。

洋洋洒洒一篇《打马赋》，典中见喻，典中见论，典中见刺，内容丰富，寓意深刻，体现了李清照力主抗金，反对投降的战略思想。后人有评价说："易安落笔即奇工，打马一赋，尤神品，不独下语精丽也。如此人自是天授。"

烟花易冷，清梦了无痕 >>>

　　李清照一生未育，没有子嗣，这也是她晚年生活不尽如人意的一个客观因素，但李清照对晚辈或者说对孩子的关心却没有因此而稍减，这其中既包括对本家侄、孙的关心，也包括对友人子女的关心。但她的这种关心却并没有开花结果，偶有一些令人欣喜的发现，结果往往也是以失望告终。比如，李清照有一位姓孙的朋友，生有一个女孩，天资聪颖，才思敏捷。李清照很喜欢这个女孩，便极其认真地对她说，愿意将自己毕生所学传给她。哪知这个女孩毫不犹豫地拒绝道："才藻非女子事也。"童言无忌，女孩的回答应该没有什么讥讽之意，只是封建教育影响下的一种

烟花易冷，花落人亡

真实想法。可李清照听后，却不由得凄凉万分。在讲究"女子无才便是德"的古代社会，她的满腹才学得不到应有的承认和尊重，也换不来人生的幸福。这让李清照在形影相吊的孤苦生活之外，更添了一份心灵的寂寞。值得一说的是，这件事若干年后还被南宋大诗人陆游写到了那位小姑娘的墓志铭里，并对其言行表示高度认可，连陆游这样的人物都不能免俗，李清照还有什么可说的呢？她只能一个人品味着自己的凄凉。

就这样，在江南某个不知名的院落里，李清照走到了人生的尽头，最终离开了这个世界。但让人感到心痛且遗憾的是，和中国古代绝大多数大文人的待遇不同，李清照的卒年不见任何史书的记载，故而其具体死亡日期和地点，湮没无闻，只能推算其是在七十三岁左右去世的。这是那个时代大多数女性的悲哀，李清照也没有受到什么特殊对待。一个在文学史上留下不可磨灭印记的伟大词人，就这样飘然而逝。其落寞之中悄然淡去的身影，或许能给后人留下更多的遐思空间吧。

李清照去世很长一段时间后，才有人将她的词结集为《漱玉词》，尊她为一代词宗，并在她的家乡建起了李清照纪念堂，以此纪念这位不朽的词坛美神。

在整个宋词的作者群落中，李清照占有极其重要的位置，与后主李煜齐名，称"男中李后主，女中李易安"。李清照的词作自成一体，有着鲜明的个人特色，后世称之为"易安体"，影响极大，比如辛弃疾就自称"效李易安体"。在风格上，李清照的词作以婉约为主，被誉为"婉约词宗"。

仔细品读，不难发现，李清照词作风格的"婉约"，主要体现在对"愁情"的描写上。李清照生活的时代，国家虽然处于内忧外患之中，她的一生也受尽磨难，但从宋词的角度讲，两宋之交的宋词发展正处于成熟时期，因此，李清照的词作承接了北宋历代词人积淀下来的婉约风格和"忧患意识"，潜移默化中继承了诗词传统中的言"愁"因子，再加上天下动荡不安、个人历经苦难等诸多原因，使李清照的词作成为宋词中言"愁"之大成者。可以肯定地说，李清照词作中，言"愁"是最多的，也是最有厚度和力度的，在言"愁"方面，其艺术魅力鲜有词家可以比肩。

在李清照的词作中，"愁"字频频闪现，她用自己的思想和才华赋无形之愁以有形，使"有形之愁"千变万化，意境深远。这样的例子，在李清照的词作中，俯拾皆是，如"寂寞深闺，柔肠一寸愁千缕"，将一寸柔肠与千缕愁思并论，使人产生了一种强烈

烟花易冷，花落人亡

的压抑感，似乎她愁肠欲断，再也无法承受；"凝眸处，从今又添，一段新愁"，旧愁上再加新愁，犹如"抽刀断水水更流"一样，愁之不尽；"只恐双溪舴艋舟，载不动许多愁"，更是别出心裁地将"愁"写成了可以乘载的实体。此外如"独抱浓愁无好梦"，"正人间天上愁浓"等，都将"愁"写得形象传神，令人叹服。

即便是那些全篇没有一个"愁"字的词作，也是或明或暗、或多或少地描写着"愁"。比如，少女的淡淡轻愁或是闺中少妇的闲愁离愁。在那些为数不多看似欢悦、洒脱的作品中，也有不少蕴含着词人的愁苦情绪，细细品读，不难体会得二。

李清照的"愁"，虽不如辛弃疾那样"悲愤"，振聋发聩，也不像后主李煜那样"凄伤"，字字含血，但在某些方面却更具感染力和穿透力；尤其是对女性读者来说，掩卷之时，那种透彻肺腑的情感力量往往会使人久久沉浸，回味无穷；以至于使一些封建卫道者竟然感到恐惧，视为"不祥"之语。这也是李清照在同时代以及后世很长一段时间饱受争议的一个原因。

李清照的词作，除了对愁情的直接描写或间接描写，还大量通过对喝酒的描写，来表达愁情。数据统计显示，在李清照存世的四五十首词作中，提到酒和喝酒的就有二十六首，从比例上来说，

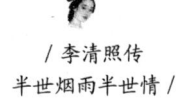

比诗仙李白还要多。无论是在豆蔻年华的少女时代和婚姻生活时期，还是孤独凄凉的风烛残年，每当愁情涌动之时，她就会借酒消愁，常常喝得酩酊大醉，以至于当世有学者冠其以"酒鬼"之名。比如，少女时代是在畅游之后的"沉醉不知归路，兴尽晚回舟"，少妇时期则是独守空闺时的"东篱把酒黄昏后"，晚年漂泊之时又是"故乡何处是？忘了除非醉。沉水卧时烧，香消酒未消"，"醉里插花花莫笑，可怜春似人将老"。

回顾李清照的人生，大部分时间是在闲愁别恨、凄苦哀痛中度过的，"愁"不仅是其词作的主要表达内容，也是最明显的情感特征。李清照的词作横跨两宋，其出众的才思、独特的经历再加上女性的身份，使其艺术魅力独一无二。她所表达出来的是女性自己的思想与呼声，而非由男性词人们越俎代庖写出来的"愁"词。这就使得她的词作所表现的"愁情"不仅能给人们以美的感染，更能引发读者难以忘怀的情感共鸣，有着超越时代的艺术感染力。这也是李清照的词作自问世以来就受到各个时期人们追捧和喜爱的根本原因。

烟花易冷，花落人亡

超越时空的孤独 >>>

李清照的大半个人生是孤独的，她的孤独不仅在于刚好处于两宋之交的动乱年代，更在于她是封建社会一个有文化的女人，是一个思想上超越了时代的卓越女性，而这与当时女性地位低下的巨大反差又都映射在她孱弱的身躯上，她的人生又如何能够不孤独？

作为一个爱国主义词人，李清照心怀国家安危，是坚定的主战派，但是作为封建社会的女性，她注定无法像岳飞一样驰骋沙场，也不能像辛弃疾一样上朝议事，甚至不能像陆游一样结交主战派义士，组织抗金活动，只能偶尔写写诗词来隐晦地表达自己的想法。

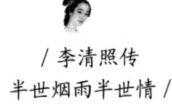

多数时候，她只能隐藏在闺阁深处，一个人暗自伤神。

在爱情上，她虽然有过幸福的时光，但丈夫赵明诚去世后，她背负了太多的心理重担，加之曾经沧海难为水，晚年又遇人不淑，空留一颗枯寂的心灵，独自飘零，黯然销魂。

作为一个古代少有的女性知识分子，她是一代词宗，在诗文上也有着高超的水准。可以说，一开始她就站在社会思想的高处，但正因为如此，她想到了很多人想不到或者不敢想、不会想的事情，追求的是普通人无法到达的境界，但身为女人，她有太多的无能为力，内心强烈的孤独自然不可避免。对于这一点，他的父亲、学者兼文学家的父亲李格非也早有认识："卓尔不群，心志高绝，必将终身孤独。"

如果说身为封建社会的女性，不能报效国家，不能大胆表达感情，不能实现自己的抱负，让李清照在孤独的深渊中挣扎，那么，孙姓女子那句"才藻非女子事也"则彻底将她推到了孤独的谷底，使她没有了挣扎的力气。那一刻，她看得比生命还重要的人格被否定了，原来她那满腔的情怀和满腹的才华，在那时候的人们看来，就像飘落的黄叶一般，没有丝毫用处。连陆游这样的大知识分子都对孙姓女子的话高度认可，那普通人的想法就可想而知了。

烟花易冷，花落人亡

　　总之，无论是对待国事、爱情、婚姻还是人生的追求，她决不随波逐流，决不将就，这就注定她会有无法解脱的时代悲哀和超越时空的孤独。在李清照的后半生中，她始终背着沉重的包袱，国难、家难、婚变和人生价值无法得到认可所造成的痛苦，以及封建专制制度所造成的政治、文化、道德、人格方面的冲突、磨难都集中在了她那如黄花般瘦弱的身体上。多年的颠沛流离，让她身心饱受折磨，改嫁风波又遭到当时士大夫阶层的集体攻讦，她呼告无门，无依无靠，贫困忧苦，流徙漂泊，最后孤独地告别了那个世界。

　　生前身后，李清照的思想处于当时社会的顶端，可却始终无处伸展，无处诉说，甚至到了如今这个时代，真正能理解李清照的又有几人，而对她的误解和非议又有多少，这就使她难免陷入超越时空的孤独之中。

　　然而，我们应该认识到，正是这种孤独，让李清照始终坚强地独自面对苦难，让她更深刻地袒露自己的心扉。也正是这种孤独，塑造出了一位在文学史上独树一帜的女词人，她的才情蔓延千年，丝丝缕缕抚慰着我们浮躁的心田。郑振铎在《中国文学史》中评价说："她是独创一格的，她是独立于一群词人之中的。她不

受别的词人的什么影响，别的词人也似乎受不到她的影响。她是太高绝一时了，庸才的作家是断断不能追得上的。无数的词人诗人，写着无数的离情闺怨的诗词；他们一大半是代女主人翁立言的，这一切的诗词，在清照诗作之前，直如粪土似的无可评价。"于是，李清照一生的故事和心底的愁怨就转化为凄清的孤独之美，她和她的词也就永远高悬在历史的星空。

关于孤独，中国文字对它的解释十分有趣："孤"指幼年丧失父母，同时还是王者的自称；"独"则指老而无子，同时也代表独一无二。独一无二的王者是孤独的，在孤独中独行，无声无息却有着深刻的思想，能够看透万物。从这个角度讲，李清照的孤独何尝不是上天的一种恩赐。

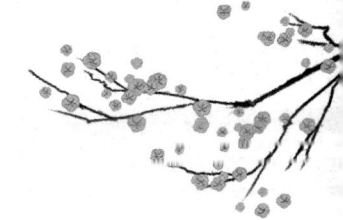

附　录

金石录后序

右《金石录》三十卷者何？赵侯德甫所著书也。取上自三代，下迄五季，钟、鼎、甗、鬲、盘、彝、尊、敦之款识，丰碑大碣、显人晦士之事迹，凡见于金石刻者二千卷，皆是正伪谬，去取褒贬。上足以合圣人之道，下足以订史氏之失者，皆载之，可谓多矣。

呜呼！自王播[①]、元载之祸，书画与胡椒无异；长舆、元凯之病，钱癖与传癖何殊？名虽不同，其惑一也。

余建中辛巳，始归赵氏。时先君作礼部员外郎，丞相时作礼

部侍郎，侯年二十一，在太学作学生。赵、李族寒，素贫俭。每朔望谒告，出，质衣，取半千钱，步入相国寺，市碑文果实。归，相对展玩咀嚼，自谓葛天氏之民也。后二年，出仕宦，便有饭蔬衣练，穷遐方绝域，尽天下古文奇字之志。日就月将，渐益堆积。丞相居政府，亲旧或在馆阁，多有亡诗、逸史、鲁壁、汲冢所未见之书。遂尽力传写，浸觉有味，不能自已。后或见古今名人书画，三代奇器，亦复脱衣市易。尝记崇宁间，有人持徐熙《牡丹图》，求钱二十万。当时虽贵家子弟，求二十万钱，岂易得耶？留信宿，计无所出而还之。夫妇相向惋怅者数日。

后屏居乡里十年，仰取俯拾，衣食有余。连守两郡，竭其俸入，以事铅椠。每获一书，即同共勘校，整集签题。得书、画、彝、鼎，亦摩玩舒卷，指摘疵病，夜尽一烛为率。故能纸札精致，字画完整，冠诸收书家。余性偶强记，每饭罢，坐归来堂，烹茶，指堆积书史，言某事在某书某卷第几页第几行，以中否角胜负，为饮茶先后。中，即举杯大笑，至茶倾覆怀中，反不得饮而起。甘心老是乡矣！故虽处忧患困穷，而志不屈。收书既成，归来堂起书库，大橱簿甲乙，置书册。如要讲读，即请钥上簿，关出卷帙。或少损污，必惩责揩完涂改，不复向时之坦夷也。是欲求适意，而反取憀栗。余性

不耐，始谋食去重肉，衣去重采，首无明珠翡翠之饰，室无涂金刺绣之具。遇书史百家，字不刓缺，本不讹谬者，辄市之，储作副本。自来家传《周易》《左氏传》，故两家者流，文字最备。于是几案罗列，枕席枕藉，意会心谋，目往神授，乐在声色狗马之上。

至靖康丙午岁，侯守淄川，闻金寇犯京师，四顾茫然，盈箱溢箧，且恋恋，且怅怅，知其必不为己物矣。建炎丁未春三月，奔太夫人丧南来，既长物不能尽载，乃先去书之重大印本者，又去画之多幅者，又去古器之无款识者。后又去书之监本者，画之平常者，器之重大者。凡屡减去，尚载书十五车。至东海，连舻渡淮，又渡江，至建康。青州故第，尚锁书册什物，用屋十余间，期明年春再具舟载之。十二月，金人陷青州，凡所谓十余屋者，已皆为煨烬矣。

建炎戊申秋九月，侯起复知建康府，己酉春三月罢，具舟上芜湖，入姑孰，将卜居赣水上。夏五月，至池阳，被旨知湖州，过阙上殿。遂驻家池阳，独赴召。六月十三日，始负担舍舟，坐岸上，葛衣岸巾，精神如虎，目光烂烂射人，望舟中告别。余意甚恶，呼曰："如传闻城中缓急，奈何？"戟手遥应曰："从众。必不得已，先弃辎重，次衣被，次书册卷轴，次古器；独所谓宗器者，可自负抱，与身俱存亡，勿忘之！"遂驰马去。涂中奔驰，

冒大暑，感疾。至行在，病痁。七月末，书报卧病。余惊怛，念
侯性素急，奈何。病痁或热，必服寒药，疾可忧。遂解舟下，一
日夜行三百里。比至，果大服柴胡、黄芩药，疟且痢，病危在膏肓。
余悲泣，仓皇不忍问后事。八月十八日，遂不起，取笔作诗，绝
笔而终，殊无分香卖屦之意。葬毕，余无所之。

朝廷已分遣六宫，又传江当禁渡。时犹有书二万卷，金石刻
二千卷，器皿、茵褥，可待百客，他长物称是。余又大病，仅存喘息。
事势日迫，念侯有妹婿，任兵部侍郎，从卫在洪州，遂遣二故吏，
先部送行李往投之。冬十二月，金寇陷洪州，遂尽委弃。所谓连
舻渡江之书，又散为云烟矣。独余少轻小卷轴书帖，写本李、杜、
韩、柳集，《世说》《盐铁论》，汉唐石刻副本数十轴，三代鼎鼐十
数事，南唐写本书数箧，偶病中把玩，搬在卧内者，岿然独存。

上江既不可往，又虏势叵测，有弟迒，任敕局删定官，遂往
依之。到台，台守已遁；之剡，出睦，又弃衣被走黄岩，雇舟入
海，奔行朝，时驻跸章安。从御舟海道之温，又之越。庚戌十二
月，放散百官，遂之衢。绍兴辛亥春三月，复赴越；壬子，又赴杭。
先侯疾亟时，有张飞卿学士，携玉壶过视侯，便携去，其实珉也。
不知何人传道，遂妄言有颁金之语，或传亦有密论列者。余大惶

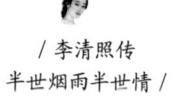

怖，不敢言，亦不敢遂已，尽将家中所有铜器等物，欲赴外庭投进。到越，已移幸四明。不敢留家中，并写本书寄剡，后官军收叛卒取去，闻尽入故李将军家。所谓岿然独存者，无虑十去五六矣。惟有书画砚墨，可五七簏，更不忍置他所，常在卧榻下，手自开阖。在会稽，卜居土民钟氏舍。忽一夕，穴壁负五簏去。余悲恸不已，重立赏收赎。后二日，邻人钟复皓出十八轴求赏，故知其盗不远矣。万计求之，其余遂不可出，今知尽为吴说运使贱价得之。所谓岿然独存者，乃十去其七八。所有一二残零，不成部帙书册三数种。平平书帖，犹复爱惜如护头目，何愚也耶！

今日忽阅此书，如见故人。因忆侯在东莱静治堂，装卷初就，芸签缥带，束十卷作一帙。每日晚吏散，辄校勘二卷，题跋一卷。此二千卷，有题跋者五百二卷耳。今手泽如新，而墓木已拱，悲夫！昔萧绎江陵陷没，不惜国亡而毁裂书画；杨广江都倾覆，不悲身死而复取图书。岂人性之所著，死生不能忘之欤？或者天意以余菲薄，不足以享此尤物耶？抑亦死者有知，犹斤斤爱惜，不肯留在人间耶？何得之艰而失之易也！

呜呼，余自少陆机作赋之二年，至过蘧瑗知非之两岁，三十四年之间，忧患得失，何其多也！然有有必有无，有聚必有

178

散，乃理之常。人亡弓，人得之，又胡足道。所以区区记其终始者，亦欲为后世好古博雅者之戒云。

绍兴二年、玄黓岁壮月朔甲寅，易安室题。

译文

这本三十卷《金石录》的撰写者是谁呢？正是先夫赵明诚。上从夏、商、周三代开始，下到五代末期结束，刻在钟、鼎、甗、鬲、盘、彝、尊、敦上的题记，还有记录在高大石碑上的显要人物和山林隐士的事迹，凡是见之于金石镂刻的文字共有二千卷，都对错字和异文进行了校正，并进行淘汰和品评。上合乎圣人的道德标准，下能够校正史官所犯下的错误，这本书中都记载了，其内容可以称得上丰富了。

唉！自从唐代的王播（王涯）与元载遭到杀身之祸之后，书画几乎与胡椒这样的作料成为一样的货色；晋人和峤所患的钱癖跟杜预所患的《左传》癖，也几乎没有什么区别。名目上虽有不同，但各自受到的迷惑则是一模一样的。

宋徽宗建中靖国元年（公元1101年），我才嫁给明诚。当时，先父在做礼部员外郎，公公在做礼部侍郎，明诚年方二十一岁，

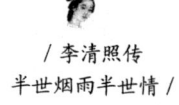
正在太学读书。赵、李两家本来都是寒族出身，所以，生活上向来主张清贫俭朴。我们刚结婚时，每个月的初一、十五，明诚都会从太学出来，将衣服抵押在当铺里以换取五百铜钱，然后我们同去大相国寺购买碑文和水果。回到家中，我们相对而坐，一边赏玩碑文，一边吃水果，那时的我们的生活就像远古时代葛天氏的臣民那样自由和快乐。两年之后，明诚开始出仕做官，有了些收入，但他还是节衣缩食，想要游遍四方偏远之地，将天下的古文奇字全部搜集起来。时间一长，金石文物就越积越多。担任丞相的公公在政府工作，亲戚朋友中也有人在秘书省工作，所以，经常也能看到《诗经》以外的佚诗和正史以外的逸史以及从鲁国孔子旧壁中、汲郡魏安釐王墓中发掘出来的古文经传和竹简文字，于是，我们就尽力抄写，渐渐感到其中绝大的趣味，以至于欲罢不能。后来，明诚偶尔看到古今名人的书画和夏、商、周三代的奇器，也都会脱下衣服典当，把它们买下来。记得崇宁年间，有一个人曾拿着一幅南唐徐熙所画的《牡丹图》，要价二十万钱才肯卖。当时即便是贵家子弟，要一下子拿出二十万铜钱，也不是一件容易的事情。我们将这幅画留了两天两夜，最终还是因为想不出法子而还给了他。为此，我们夫妻俩惋惜怅惘了好几天。

　　后来，我们屏居青州乡间十年。仰有所取，俯有所入，衣食皆有所富余。明诚又被许做了莱州和淄州的知州，他将自己的全部薪俸拿出来，从事金石收藏。每有所得，我们就一起研究和整理，并记录下来，题上名字。得到书画和彝、鼎等古代酒器，也摩挲把玩或摊开来欣赏，分析上面的错误或遗漏。每天晚上所用去的时间以烧完一支蜡烛为准。所以，我们所收藏的古籍，都能做到井然有序，字画的完整，超过了当时众多知名收藏家。我天生有一副好记性，每次吃完饭，就会在归来堂烹好茶，和明诚对坐，指着堆积的书，一人随便说某一典故出自某书某卷第几页第几行，以猜中与否决定胜负。我每每猜中，会举杯大笑，以致经常把茶洒在怀中，等到想喝时反而喝不到一口。真的甘心在那样的环境中过一辈子啊！我们尽管时常处于忧患贫穷之中，但心中的志愿却从没有忘记过。等到收书的任务完成后，我们就在归来堂中建起书库，把大书橱编上了甲乙丙丁的号码，中间放上书册。如需要读那一本，就拿来钥匙开橱，并在簿子上予以登记，然后取出。我有时大意之下会把书籍损坏或弄脏了一点，明诚就会严肃地给以批评，并责令我揩完涂改，不再像平常那样平易和蔼了。收藏书籍本就是为了寻求适意，现在却弄得不愉快。我是急性子，就

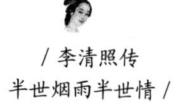

想法子攒钱另买书,也不吃荤菜了,不穿好看衣服了,更不要什么珠宝首饰、贵重家具了。看到诸子百家的书,只要字不缺,版本不假的,就都买下来作为副本。家里有两套《周易》和《左传》,文字都是最全的。或放在案几上,或放在枕边,彼此心意相通,目往神授。这可比声色犬马快乐多了。

到了钦宗靖康元年(公元 1126 年),明诚在淄州做知州,听说金军已经侵占了京师,我们夫妻一时间四顾茫然,看着满箱满柜的书籍,心中恋恋不舍,怅惘不已,心知这些东西往后恐怕再也不归我们所有了。高宗建炎元年(公元 1127 年)三月间,我的婆婆在江宁去世,明诚和我奔丧南去。多余的物品既不能都带上,于是便先把书籍中重而且大的印本去掉,又把藏画中重复的几幅去掉,又把古器中没有款识的去掉。然后又去掉书籍中的国子监刻本、画卷中的平平之作及古器中又重又大的几件。经过这样多次削减,还是装了十五车书籍。到了海州,雇了好几艘船渡过淮河,又渡过长江,才到达江宁。在青州老家,还锁有书册等,用了十多间屋子。我们本打算第二年春天再运过来,但十二月时,金军攻陷了青州,那十多间的书册,尽化为灰烬了。

高宗建炎二年(公元 1128 年)秋九月,明诚被再度起用,任职建康府。建炎三年（公元1129年）春三月遭到罢官，于是我们搭船上芜湖。到了当涂后，我们打算往赣江一带找个住处。五月，到池阳，接到圣旨让他到湖州任知州，需要到建康上殿朝见。于是我们把家暂时安置在池阳，他独自一人奉旨入朝。六月十三日，他挑起行李，舍舟登岸。当时，他穿着一身夏天的葛衣，翻起覆在前额的头巾，坐在岸上，看起来非常有精神，目光炯炯，直向人群中射来，跟我告别。当时我的心情既焦急又难过，大喊道："假如城中局势危急，我该怎么办呀？"明诚伸出两根手指，远远地大声回答说："那就跟着众人逃难吧。到了迫不得已的时候，你就把那些包裹行李扔掉，先扔衣物被褥，再扔掉书画，最后是古器。不过那些宗庙祭器和礼乐之器，你务必背着、抱着，与你共存亡，千万别忘了！"说完，策马而去。

　　一路上因为着急赶路，明诚冒着炎暑不停地奔驰，结果感染成疾。到达设在建康的皇帝行宫后，害了疟疾。七月末，我收到信，说明诚病倒了。我又惊又怕，我知道明诚向来性子很急，无奈生了疟疾，一旦发起烧来，一定会服凉药，病恐怕就会恶化了。于是我赶忙乘船东下，一天一夜赶了三百里路。到达以后，得知他果然服了大量的柴胡、黄芩等凉药，疟疾加上痢疾，病入膏肓，

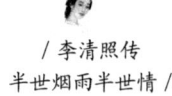

已经不行了。我不禁悲从心生，匆忙中也没有忍心问及后事。八月十八日，他已经无法起身，取笔作诗，绝笔而终，此外更没有遗嘱。把他安葬完毕，我茫茫然不知所措，天下之大，到底哪里才有我的容身之处？

建炎三年（公元1129年）七月，皇上为了躲避金人，将后宫的嫔妃全部分散出去，又听说长江就要禁渡。当时我们家里还有书二万卷、金石刻二千卷。所有的器皿、被褥，接待上百位客人都够用了；其他物品，数量与此相当。明诚去世后，我又生了一场大病，勉强苟活而已。时局越来越紧张，想到明诚有个做兵部侍郎的妹婿，此刻正在洪州护卫皇帝。我马上派两个老管家，先将行李分批送到他那里去。谁知到了冬十二月，金人又攻下洪州，于是这些东西便全部丢失了。当年我们雇了好几只船，辛苦从淄川运过长江的书，都散为云烟了，只剩下少数分量轻、体积小的卷轴书帖，以及写本李白、杜甫、韩愈、柳宗元的诗文集，《世说新语》《盐铁论》，汉、唐石刻副本数十轴，三代鼎鼐十几件，南唐写本书几箱。因我在病中有时把玩，把它们放在卧室之内，所以才保留了下来。

沿长江而上既不可行，加之金人的行动难以预料，我的弟弟李远在朝任敕局删定官，我便去投靠他。等赶到台州时，台州知州已经逃走；回头到剡县，山暨州，又丢掉衣被急奔黄岩，雇船入海，追随出行中的朝廷。那时，皇帝正驻扎在章安，我又从海上随御船到温州，又往越州。建炎四年（公元1130年）十二月，皇上下旨命郎官以下官吏分散出去，我就到了衢州。绍兴元年（公元1131年）春三月，再一次流落越州；壬子年（公元1132年），又到杭州。明诚病重时，有一个张飞卿学士，带着玉壶来看望他，随即携去，其实那是用一块形状似玉的美石雕成的。这件事不知是谁传出去的，于是便有谣言说我们将玉壶送给了金人。还有人暗中上表，进行检举和弹劾。事涉通敌之嫌，我又气又怕，不敢讲话，也不敢就此算了，把家里所有的青铜器等古物全部拿出来，准备献给掌管国家符宝的外庭。哪知，等我赶到越州时，皇上已去了四明。我不敢将这些东西留在身边，就把这些铜器连同写本书一起寄往剡县。这样，我病中保留下来的东西，又丢掉了十分之五六。只剩下书画砚墨，大约有五六筐，再也舍不得放到其他地方，就把它们藏在床下，亲手保管。在越州时，我借居在当地居民钟氏家里。冷不防一天夜里，有人掘壁洞偷了五筐去。我伤心极了，决心重金悬赏收赎回来。过了两天，邻居拿出十八轴书

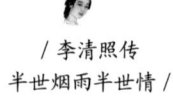

画求赏。我才知道偷我东西的人是谁。我千方百计地求他，可其余的东西他再也不肯拿出。今天我才知道原来被书法家吴说低价买走了。我病中保留下的东西，这下算是丢掉了十分之七八。剩下一二件残余零碎的，有不成部帙的书册三五种。其实是平庸的书贴，我却爱之如眼珠，多么愚蠢呀！

如今翻阅这本《金石录》，仿佛见到了死去的亲人。因此又想起明诚在莱州静治堂上，刚刚把它们装订成册的样子，他给它们插上芸签，束以缥带，每十卷作一帙。每天晚上属吏散了，他便校勘两卷，题跋一卷。现在这二千卷中，有题跋的就有五百零二卷。书上他的手迹还像新的一样，可是他墓前的树木已能两手合抱了。悲痛啊！从前梁元帝萧绎当都城江陵陷落的时候，不去痛惜国家的灭亡，反而忙着焚毁十四万册图书；隋炀帝杨广在江都遭到覆灭，不以身死为悲哀，反而在死后把唐人载去的图书重新夺回来。难道人生所专注的东西，能够逾越生死而念念不忘吗？难道是上天认为我资质菲薄，不足以享有这些珍奇的物件吗？又或者明诚死而有知，对这些东西依然非常爱惜，不愿它们飘零人间吗？得到它们的时候非常艰难，失去它们的时候，却又是如此容易啊！

唉！陆机二十岁作《文赋》，我嫁到赵家的时候比他小两岁；

蘧瑗在五十岁的时候知道了他前四十九年犯下的错误,现在我已比他人两岁——在这三十四年之间,我经历了那么多忧患得失,然而,有"有"必有"无",有聚必有散,这是人间的常理。有人丢了弓,总有人捡到,又何必计较呢?所以,我以区区之心记下这本书的成书始末,也是想为后世好古博雅之士留下一点鉴戒。

　　绍兴二年(公元 1132 年),太岁在壬,八月初一甲寅,易安室题。

投翰林学士綦崇礼启

（注：这是李清照写给綦崇礼的一封答谢信。作于绍兴二年，即公元 1132 年。信中交代了她晚年再嫁张汝舟的不幸以及离异的经过。）

清照启：素习义方，粗明诗礼。近因疾病，欲至膏肓，牛蚁不分，灰钉已具。尝药虽存弱弟，应门惟有老兵。即尔苍皇，因成造次。信彼如簧之说，惑兹似锦之言。弟既可欺，持官文书来辄信；身几欲死，非玉镜架亦安知。僶俛难言，优柔莫决。呻吟未定，强以同归。

视听才分，实难共处，忍以桑榆之晚节，配兹驵侩之下才。身既怀臭之可嫌，惟求脱去；彼素抱璧之将往，决欲杀之。遂肆侵凌，日加殴击，可念刘伶之肋，难胜石勒之拳。局天扣地，敢效谈娘之善诉；升堂入室，素非李赤之甘心。

外援难求，自陈何害，岂期末事，乃得上闻。取自宸衷，付之廷尉。被桎梏而置对，同凶丑以陈词。岂惟贾生羞绛灌为伍，何啻老子与韩非同传。但祈脱死，莫望偿金。友凶横者十旬，盖非天降；居囹圄者九日，岂是人为！抵雀捐金，利当安往；将头碎璧，失固可知。实自谬愚，分知狱市。

此盖伏遇内翰承旨，搢绅望族，冠盖清流，日下无双，人间第一。奉天克复，本缘陆贽之词；淮蔡底平，实以会昌之诏。哀怜无告，虽未解骖；感戴鸿恩，如真出己。故兹白首，得免丹书。

清照敢不省过知惭，扪心识愧。责全责智，已难逃万世之讥；败德败名，何以见中朝之士。虽南山之竹，岂能穷多口之谈；惟智者之言，可以止无根之谤。高鹏尺鷃，本异升沉；火鼠冰蚕，难同嗜好。达人共悉，童子皆知。愿赐品题，与加湔洗。誓当布衣蔬食，温故知新。再见江山，依旧一瓶一钵；重归畎亩，更须三沐三薰。忝在葭莩。敢兹尘渎。

译文

清照书：

我平常学习礼仪和规矩，也粗懂诗书礼节。近来得了一场大病，似乎是无药可救，病症已经到了牛蚁不分的地步，连后事用的棺材、石灰和铁钉都准备好了。虽然汤药之类物品有弟弟李迒代劳，也有老仆人看守门户，但在仓促之间，还是轻率从事的，轻信了那厮的巧舌如簧，被他的甜言蜜语所欺骗。我的弟弟也被骗了，因为他带有官文就相信了。我自身的病十分严重，到了几乎要死的地步，对方是怎样的人又怎么知道？在匆忙之间，再三犹豫之下，还是答应了这门婚事。

我与这个人（指张汝舟）真的是无法相处，我怎会在自己的晚年，以清白之身嫁给这样一个肮脏低劣的市侩之徒。既然已经与这个臭不可闻的人在一起了，那就只希望能早些脱身离去。因为那些金石收藏，我成了怀璧之身，张汝舟早就动了杀人夺宝之心。于是便肆意欺凌我，每天都对我拳打脚踢，可怜我这像刘伶一样的身体，怎能承受得了他那如石勒一般的拳头。苍天在上，我要效仿谈娘控诉这等恶夫，绝不能像李赤那样甘心死于像厕所一样臭不可闻的地方。

190

像这样的家事很难得到别人的帮助，在这里讲述自己受到何等迫害，岂敢期待这点小事能够上达天听。由皇帝投意，让廷尉审判这件案子。我戴着脚镣手铐与恶徒张汝舟当堂对质。岂止是贾生羞于同绛灌为伍，不图老子与韩非同传。只期盼离开死地，并不奢望得到补偿。与张汝舟这样的恶徒在一起一百天，只是天降其祸；我被关了九天监狱，岂是人过的日子。用金子弹击鸟雀，利在哪里？用头与玉璧同归于尽，得失如何知道？就算我再蠢笨，也清楚监狱乃是非之地。

幸亏遇到内翰綦公承皇上旨意，我才得以从牢狱之灾中解脱。綦公出身世家望族，是清流中的领袖人物，在京城那些达官贵人中也只有您为我申冤，您也是第一个为我洗脱冤情的人。綦公的才华就像唐代的陆贽和李德裕，是专为皇帝起草诏书的肱骨大臣。我心中的苦衷虽然无法完全表达，但对綦公的大恩是铭记于心的。是綦公您让我在晚年得以免去被录为囚籍，脱离了牢狱之灾。

在这件事上，我李清照怎么敢不自我反省，摸着自己的良心感到羞愧。从操守和理智上，这件事肯定要沦为后世人的笑柄。而且，因为这事败坏了我的道德和名声，让我没有脸面去见朝中的士大夫。虽有南山之竹，也写不尽对这件事谈论的言语；只有

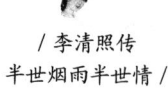

靠智者来为我辩白，才能止住那些没有根据的诽谤。那些凡夫俗子很难明白高士的想法，这就像大雁与鹦燕，一个高飞在上，一个在下面滑翔；火鼠与冰蚕，难有相同的嗜好。这种道理连孩童也明白，各位达官贵人一定早就知道了。愿高士赐教，让我能够洗刷耻辱。我发誓穿布衣食素菜，牢牢吸取这次的教训。当我以新面貌出现时，依然还会是那个食一钵饭、喝一杯水的李清照；重新回归隐士生活，更要沐浴薰香，郑重行事。我很幸运是綦公的远亲，说了这么多，希望没有冒犯到您。

历代名家评议

李氏自号易安居士，赵明诚德夫之室，李文叔女。有才思，文章落纸，人争传之。小词多脍炙人口，已版行于世。

——南宋·赵彦卫 《云麓漫抄》卷十四

易安居士李氏，赵丞相挺之子讳明诚字德夫之内子也。才高学博，近代鲜伦。其诗词行于世甚多。

——南宋·无名氏 《瑞桂堂暇录》

　　宋人中填词，李易安亦称冠绝。使在衣冠，当与秦七、黄九争雄，不独雄于闺阁也。其词名《漱玉集》，寻之未得。《声声慢》一词，最为婉妙……山谷所谓"以故为新，以俗为雅"者，易安先得之矣。

——明·杨慎 《词品》卷二

　　余谓正宗易安第一，旁宗幼安第一。二安之外，无首席矣。

——明·卓人月、徐士俊 《古今词统》

　　惟易安居士"最难将息""怎一个愁字了得"，深妙稳雅，不落蒜酪，亦不落绝句，真此道本色当行第一人也。

——清·刘体仁 《七颂堂词绎》

　　男中李后主，女中李易安，极是当行本色。

——清·沈谦 《填词杂说》

张南湖论词派有二：一曰婉约，一曰豪放。仆谓婉约以易安
为宗，豪放惟幼安称首，皆吾济南人，难乎为继矣。

——清·王士禛 《花草蒙拾》

阅赵明诚《金石录》，其首有李易安《后序》一篇，叙致错综，
笔墨疏秀，萧然出町畦之外。予向爱诵之，谓宋以后闺阁之文，
此为观止。

——清·李慈铭 《越缦堂读书记》

李易安词，风神气格，冠绝一时，直欲与白石老仙相鼓吹。
妇人能词者，代有其人，未有如易安之空绝前后者。

——清·陈廷焯 《云韶集·词坛丛话》

有人称清照词为婉约之宗，更有人说李清照是北宋第一大词
人，依我看来，这都不是过誉的批评。我们知道清照的成就，虽
仅及于词的一方面，而她在文学史上的地位，已经与伟大的骚人

屈原、诗人陶潜、杜甫并垂不朽了。她不仅在女性里面是第一大作家,她的文名与作品,已经与世界永存了,她的创作集《漱玉词》,不过二十余首,却都是精金粹玉之作。

——近代·胡云翼 《宋词研究》

李易安固不仅为妇女中之能文杰出者,即在各时代的诗人中,她所占的地位也不能在陶潜、李、杜及欧阳修、苏轼之下。

——近代·郑振铎 《文学大纲》

中国女文学家,能够居第一流者,只有李清照了。她批评宋代的词人,都不甚满意,可见她的眼界很高。南宋的婉约派,没有一个人能在她之上。她在修辞方面,新丽得异常,如"宠柳娇花""绿肥红瘦"等皆是。但是她的意境,又很深切。少年的恋爱,中岁后的凄凉生活,都能充分地新颖地写出来,使人惊心动魄。

——近代·刘麟生 《中国文学 ABC》

记得还有我爱你

对于"千古第一才女"李清照，我有非常深厚的感情，对她充满喜爱和崇敬。从识字开始，我就喜欢李清照诗词的意境，母亲逼我背的第一首词就是李清照的《如梦令·常记溪亭日暮》。那时的一幕幕，至今记忆犹新。

喜欢李清照的词，主要是受了母亲的影响，今年72岁的母亲依然是个李清照迷。在看黑白电视都要跑几公里的年代，枕头边放一本李清照的词集，是身为少女的我最隐秘的快乐。

李清照的诗词，总能给我很大的触动。我喜欢她的唯美纯净，往往读着她的诗词就不自觉地进入意境，心潮起伏，难以自制。于是，我就有了为李清照写一些东西的想法。这本书既是对偶像的纪念，也是对自己一段段美好阅读时光的记录。

李清照是"婉约派"的代表，其词婉约大气，意境幽远，常有惊艳之句。明朝大文豪杨慎说："宋人中填词，李易安亦称冠绝。"

1987年，国际天文学会给水星上的第一批环形山命名，其中

/ 李清照传
半世烟雨半世情 /

有一座就使用了李清照的名字。这对李清照来说，是极高的荣誉，也表明了她在国际上的影响力。

在写本书的过程中，我翻阅了大量李清照的资料，反复对比核实，以求准确详实。虽然耗费了大量的时间，也很辛苦，但我的内心是快乐的。曾经有一段时间，我似乎穿越到了宋朝，就那么站在空中，默默地看着李清照挥毫作词，泼茶赌书。

现在，这本书终于完稿了，我很高兴。希望本书能够成为一条纽带，把我和那些喜欢李清照的读者联系起来，大家共赏易安词之美，共探清照人生之精彩。

让李清照的诗词浸润我们的灵魂，让生命更诗意美好。

另外，能写成此书，离不开家人的支持。我的大女儿对中国古代文化非常热爱，特别是对古诗词，有异乎寻常的兴趣。现在，适逢她留学归来准备成家立业，借此书成，祝福我的女儿一生平安，幸福美满！也祝我的母亲健康长寿，平安喜乐！

在此，也要感谢台海出版社编辑对本书出版提供的帮助和支持。谢谢你们！

蔡晓柔

2020 年 10 月 12 日于东莞明珠榕苑